东拍西拍

PHOTO SICHUAN

四川省旅游宣传促进中心 编

The Handbook of Tour-Photo

取景四川

旅游摄影指南

四川出版集团·四川科学技术出版社 成都

图书在版编目（CIP）数据

东拍西拍取景四川旅游摄影指南/四川省旅游宣传促进中心编. --成都：四川科学技术出版社，2011.7

ISBN 978-7-5364-7179-5

Ⅰ．①东… Ⅱ．①四… Ⅲ．①旅游指南－四川省 ②旅游－摄影艺术 Ⅳ．①K928.971 ②J416

中国版本图书馆CIP数据核字（2011）第062225号

东拍西拍取景四川旅游摄影指南

编　　者	四川省旅游宣传促进中心
策划编辑	李　庆
责任编辑	李　红
特约编辑	刘　伟
装帧设计	蓝色印象
责任校对	苏晓宁
责任出版	邓一羽
出版发行	四川出版集团　四川科学技术出版社
	成都市三洞桥路12号　邮政编码　610031
成品尺寸	210mm×130mm
印　　张	7
字　　数	210千
印　　刷	四川印刷制版中心有限公司
版　　次	2011年7月第一版
印　　次	2011年7月第一次印刷
书　　号	ISBN 978-7-5364-7179-5
定　　价	28.00元

摄影名家推荐

自我懂事以来，南走北游，游到了有感悟的时候，选择了东拍西拍，至今一发不可收拾。每一次东西南北之后，都会有无比的快乐，如此而已。

大香格里拉是我向往的地方！

——著名风光摄影家　吕玲珑

多元而丰富的民族文化令这个世界显得五彩纷呈，关注民族文化是摄影人的职责。

甘孜州白玉县的亚青寺，感觉非常神奇，是一个有很多故事能拍出好照片的地方。

——著名人文摄影家　陈　锦

镜头是眼睛的延伸，影像是情感的见证。用开放的胸怀看待社会，以细腻的目光触摸自然，让快门作为时光的按钮，记住每一次感动。

推荐景点：远在天边，近在眼前。

——著名摄影家　冉玉杰

石刻是一部凝固的历史，石刻艺术的精彩之笔就在石窟造像中。四川有很多精彩古窟藏在深山人未识，等待你去揭开它神秘的面纱。

安岳石刻、丹棱石刻便是四川石刻艺术的代表。

——《中国国家地理》签约摄影师　袁蓉荪

出门或出城，走任何地方，吸引眼睛的都可以入镜，正所谓东拍西拍也。

乡村场镇之所以更诱惑我，主因还是那里能看到前世人的早期生活痕迹。

——摄影家、自由撰稿人　赖　武

自从拿起相机起，就行走在巴山蜀水间。或莽莽高原，或胜迹名山，或乡土场镇……苦乐相伴，但从未停止过行走的脚步，也许永远也不会。

三国蜀道是一寻古探幽的好去处。

——摄影家、资深摄影编辑　喻　磊

把四川带回家

Ba Sichuang Daihui Jia

　　小的时候最让我眼热的行当就是当采购，当采购的成天坐着汽车、火车满世界地癫狂，东西南北走州过县好不风光。谁要说自己知道哪儿哪儿了，那采购便是一脸的不屑——你去过？顺手还指指那些挂在墙上压在镜框里的黑白照片：好好看看，这是北京的、这是上海的，还有西安、沈阳、广州……嗨，人家不但去过，还照了相！真是了得起。让我们这一帮小土包子立时自觉矮人三分，点头犹如鸡啄米，不服不行。

　　那时候，照相机是多么稀罕的玩意儿！简直就是可以让时光倒流的"月光宝盒"。不管男女老幼，"咔嚓"一声就把你装进去定格了。几十年前，我们当娃儿的时候，谁家有架照相机，要放在今天，差不多就像他家有架飞机。记得我一个同学家就有一架照相机，双镜头乌克兰基辅牌的。他老爹成天拿棉花纸擦了又擦，还拿个洗耳球吱吱不停地吹。看看可以，摸就不行了——你手上有汗啊。弄得我直到现在一看见照相机，耳朵里就响起洗耳球那吱吱吱的声音。

　　走题了。现如今谁没有到处走走，谁在游走的时候手上不捏个照相机？特别是手机有了照相功能，照相机"数码"了，"周"也"黄金"了以后，旅游和拍照，那简直就是两根相互照应的筷子，旅游在外，缺哪一根都拈不起"伙食"。

　　锦绣河山就好像是拿一盘盘的好菜铺撒开来的丰盛宴席，要不古人为啥要发明"秀色可餐"这么个成语呢。可餐的秀色没有照相机这根"筷子"帮忙，怎么可以"拈"得起来尽收囊中，又怎么可以带回家去和家人朋友一起分享呢？所以，边走边拍"东拍西拍"已经成了当下旅游者的"规定动作"。

　　古时候的文人，看见雄奇壮美的山川景色，就会发出一声"於戏——"的长叹，意思就是自己被震撼了，被"惊讶"了。古人没有照相机，"於戏"之后便开始吟诗作赋，再拿起笔来把他们作的诗词记录下来，笔就是他们的"照相机"，至少起到了照相机的记录功能。想来这吟诗作赋似乎也是

古人游历于山水之后的"规定动作"吧。比如，李白在四川的剑门关就被"於戏"了一下，于是就有了大家耳熟能详流传千古的《蜀道难》。当然，作为一个古老的以农业为根基的农耕国度，那时绝大多数的人，终其一生也只能偏居一隅，能够畅游于山水之间发出几声"於戏"的人，没有几分权势还是要有几分银两的。

有意思的是，大凡被古人"於戏"过的地方，现今大多都成了价值极高的旅游景点；值得庆幸的是，古人在我们四川"於戏"的频率又是非常的高。古今一致的感怀，使四川成了一个旅游资源大省，四川还真要感谢自然的造化和上苍的眷顾才是。

四川星散着那么多"可餐"的"秀色"，而来川旅游的客人因为各自时间安排、身体状况、个人拍摄喜好等等原因，又不可能将其"一网打尽"，所以，为这些尊贵客人设计最佳的在川旅游路线图，拍到最为心动的照片，进而能让他们对四川知其然更知其所以然，编写出这本《东拍西拍——取景四川自助旅游指南》就显得十分的熨帖和必要。

回过头来看，在国人尚没有"旅游"这个概念的年代，那些可以东走西走的采购员，不经意间却成了旅游的先行者。可叹的是这些被时人讽喻为"出门像公子，回来像骡子，报账像孙子"的先行者，断然找不到今天旅游者手捏照相机东拍西拍的愉悦。他们为生计而劳碌地东走西撞，收获得更多的，可能只是人生的艰辛与悲情。

这套"玩转四川"丛书的要旨就在一个"玩"字上，朋友们既然来了四川就要玩好，玩出了好心情还要有所收获，那么就举起你的照相机，在四川东拍西拍，把四川带回家吧！

丁大镛

2010年12月

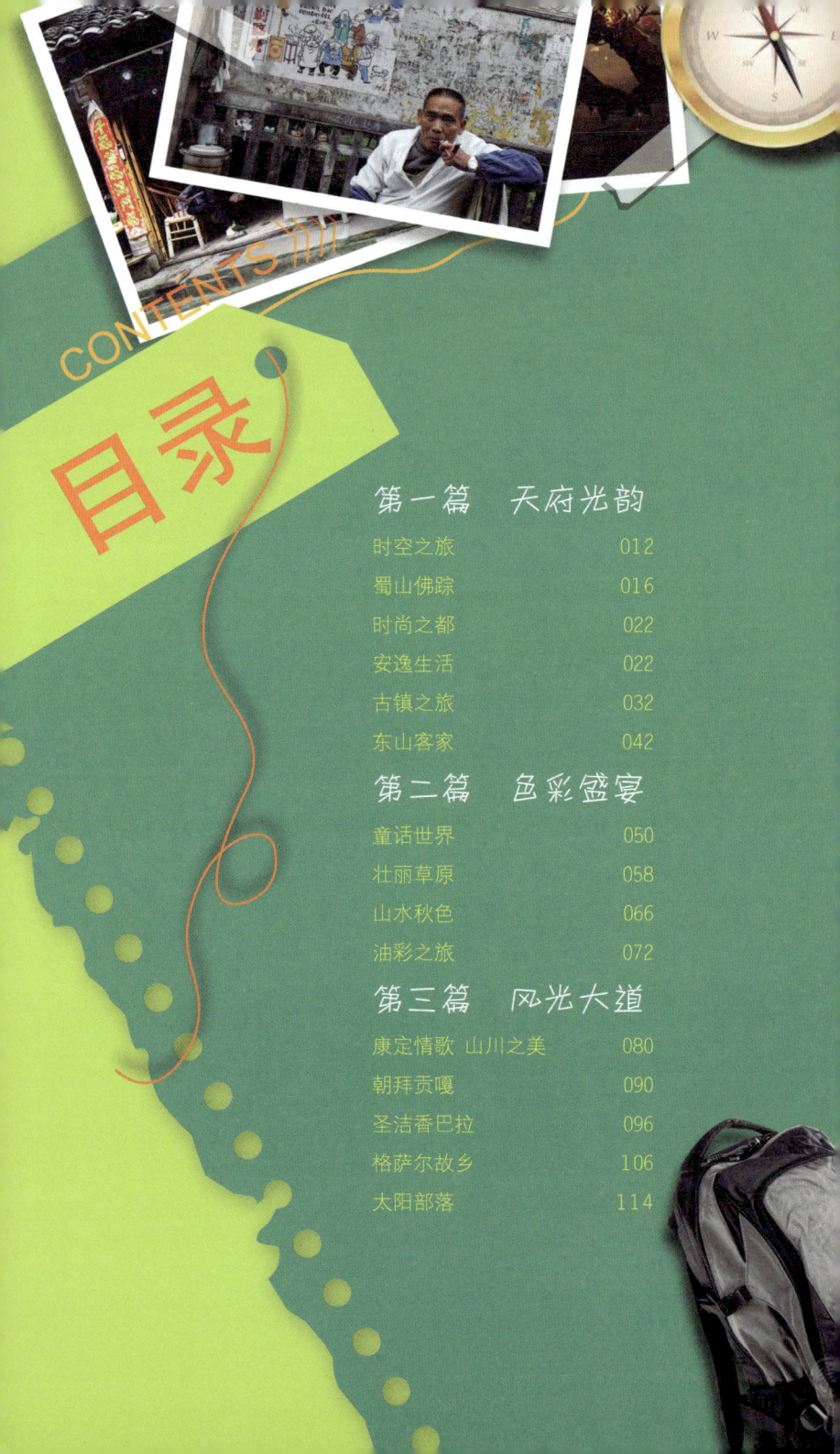

CONTENTS))))

目录

时尚都市

魅力古镇

休闲生活

古蜀文化

Tianfu 天府光韵 GuangYun

镜头聚焦

时尚都市 Shishang Dushi / 休闲生活 Xiuxian Shenghuo

魅力古镇 Meili Guzhen / 古蜀文化 Gushu Wenhua

天府光韵
Tianfu Guangyun
导游图

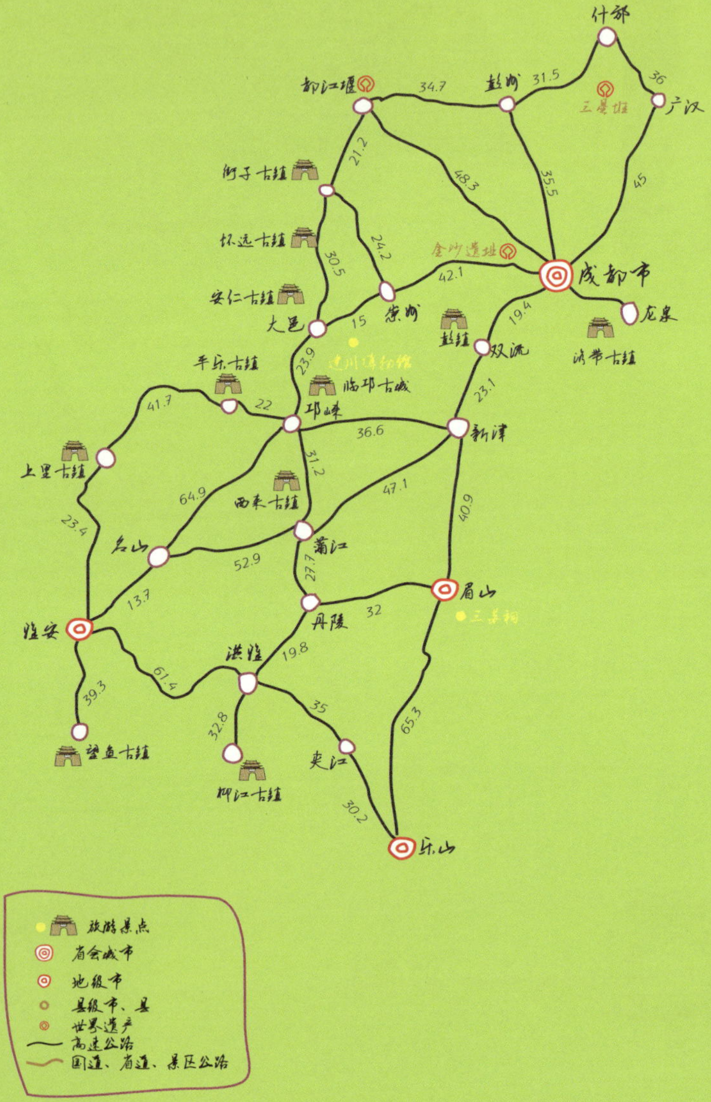

什邡
都江堰
34.7
彭州
31.5
36
广汉
三星堆
21.2
48.3
35.5
45
街子古镇
怀远古镇
24.2
30.5
金沙遗址
42.1
成都市
安仁古镇
崇州
15
大邑
19.4
龙泉
彭镇
双流
洛带古镇
建川博物馆
平乐古镇
23.9
临邛古城
22
41.7
邛崃
36.6
23.1
新津
上里古镇
31.2
64.9
西来古镇
47.1
40.9
23.4
名山
蒲江
52.9
27.7
眉山
三苏祠
13.7
丹棱
32
雅安
洪雅
19.8
61.4
39.3
35
32.8
夹江
65.3
望鱼古镇
柳江古镇
30.2
乐山
旅游景点
省会城市
地级市
县级市、县
世界遗产
高速公路
国道、省道、景区公路

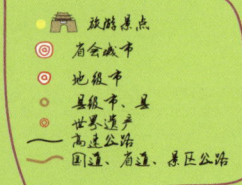

摄游线路精选

● **时空之旅**

　　一路探寻，镜头里是最伟大的历史遗存。

　　成都—都江堰—青城山—三星堆—成都金沙遗址—杜甫草堂—武侯祠

● **蜀山佛踪**

　　寻佛摄旅，让我们内心产生由衷的敬畏。

　　成都—眉山—峨眉—乐山—眉山—成都

● **时尚之都 安逸生活**

　　最惬意的市井乐园，涌现最达观的人生哲学。

　　成都—春熙路扫街—宽窄巷子喝茶—锦里看灯—安顺廊桥夜酒—望江品茗—黄龙溪转街—双流黄甲消夜—成都

● **古镇之旅**

　　昨日河运时代的繁华旖梦，今天怀旧小巷的光影沉醉。

　　成都—街子古镇—怀远古镇—元通古镇—安仁古镇—平乐古镇—上里古镇—望鱼古镇—西来古镇—柳江古镇—临邛古镇—彭镇—成都

● **东山客家**

　　300年的瑰丽传奇，上万亩的桃花春红。

　　成都—三圣乡—洛带古镇—龙泉书房村—成都

便捷通讯

都江堰青城山旅游400-1151-222
旅游投诉028-87120836
三星堆博物馆0838-5500349
成都市旅游局028-87706026

Shikong
时空之旅Zhilü

三星堆、金沙遗址是看得见的精巧智慧，都江堰是关乎民生的大巧若拙，青城山是让你"无为"的天人合一。用镜头景仰先贤达到的无上高度，"后来治蜀要深思"。

信息：都江堰门票90元/人；青城山门票90元/人；月城湖5元/人；上山索道35元/人；三星堆门票80元/人；金沙遗址博物馆门票80元/人

线路交通

成都—56公里成灌高速—都江堰—25公里高等级旅游公路—青城山
成都金沙遗址—46公里成绵高速—三星堆遗址
全程路况良好，可以放心驾驶。

聚焦景区

● 都江堰

摄影指数 ★ ★ ★

都江堰是世界著名的古代水利工程，联合国录入的世界文化遗产。位于四川都江堰市城西，古时属都安县境而名为都安堰，宋元后称都江堰，被誉为"独奇千古"的"镇川之宝"。

影友贴士

每年清明时节举行的放水节（始于公元978年），旨在纪念率众修建都江堰水利工程、造福成都平原的李冰父子，其壮观热闹的场面是影友不可放过的题材。玉垒山上是拍摄都江堰水利工程全景的最佳位置。当夜幕降临，灯火璀璨的南桥沿岸洋溢着浓厚的当地市井生活气息，是个不错的去处。

青城山

摄影指数 ★ ★ ★ ★

　　同为"世界文化遗产"的青城山，为中国道教发源地之一。位于四川省都江堰市西南，古称"丈人山"，东距成都市68公里。自古以来，人们以"幽"字来概括青城山的特色，独具空灵幽寒的韵味。青城山灵翠四合，峰峦、溪谷、宫观皆掩映于繁茂苍翠的林木之中。道观亭阁取材自然，不假雕饰与山林岩泉融为一体，体现出道家崇尚朴素自然的风格。青城山脉主峰赵公山（海拔2434米），是正在打造的"中华财神第一山"，尤为专业驴友推崇。

天府光韵

影友贴士

堪称青城山三大奇观的日出、云海、圣灯极富特色，其中圣灯（又称神灯）尤为奇特。建福宫、天然图画、天师洞、朝阳洞、祖师殿、上清宫为主要拍摄点。

● 三星堆遗址/金沙遗址

摄影指数 ★ ★ ★

三星堆遗址位于四川广汉南兴镇距省会成都40公里。发现时因有三座突兀在成都平原上的黄土堆而得名。三星堆文明上承古蜀宝墩文化，下启金沙文化，距今约4000年，是我国长江流域早期文明的代表。

三星堆

影友贴士

三星堆、金沙遗址博物馆内都不能使用闪光灯，脚架是必备之物，另外还需要配备偏振镜以消除展馆玻璃的反光。

金沙遗址是位于成都市城西苏坡乡金沙村的一处商周时代遗址，面积约5平方公里，是全国重点文物保护单位。

天府光韵

都江堰美食众多，白果炖鸡是青城山的"四绝"之一，为最值得推荐的地方特色。其他如凉拌鸡、岷江鱼、鱼火锅等都远近闻名。广汉的连山回锅肉推荐一试，德阳的烧烤、新都的竹山老鸭都是不错的选择。

新花溪鱼港
- Ⓐ 地址：都江堰市龙潭湾
- Ⓣ 电话：028-87277110

王鸡肉
- Ⓐ 地址：都江堰市幸福路
- Ⓣ 电话：028-8713143

水纹河鲜酒家
- Ⓐ 地址：都江堰市中心部
- Ⓣ 电话：028-87115116

连山回锅肉
- Ⓐ 地址：广汉市旌金公路

烧烤兵
- Ⓐ 地址：广汉市长沙路
- Ⓣ 电话：0838-8852129

竹山老鸭总店
- Ⓐ 地址：成都市新都区新都镇桂湖西路51号-53号
- Ⓣ 电话：028-67326389

客栈

都江堰市西行客栈
- Ⓐ 地址：都江堰市建设路38号
- Ⓣ 电话：028-87117499

巡岳度假会所
- Ⓐ 地址：都江堰玉堂镇赵公山麓
- Ⓣ 电话：13330966667

都江堰市江堰客栈
- Ⓐ 地址：都江堰市幸福路32号
- Ⓣ 电话：028-87139831

广汉市鸿福客栈
- Ⓐ 地址：德阳市佛山路二段179
- Ⓣ 电话：0838-2563595

宾馆

都江堰宾馆
- Ⓐ 地址：都江堰市建设路
- Ⓣ 电话：028-87136635

都江堰青城豪生国际酒店
- Ⓐ 地址：青城山山门
- Ⓣ 电话：028-88988888

都江堰鹤翔山庄
- Ⓐ 地址：青城山山门
- Ⓣ 电话：028-87288006

商务酒店

都江堰远豪商务酒店
- Ⓐ 地址：都江堰市江安路38号
- Ⓣ 电话028-67625858

广汉红宇商务酒店
- Ⓐ 地址：广汉市中心
- Ⓣ 电话：0838-5242974

便捷通讯

峨眉乐山旅游咨询：400-8196-333
乐山市旅游局电话：0833—2137541
峨眉山市旅游局电话：0833-5522070
眉山市旅游局电话：0833-8168498
夹江县旅游局电话：0833-5662378

Shushan
蜀山佛踪Fuzong

在峨眉山那些佛殿、蒲团、香烛之间，有多少善男信女的众生相。云海、佛光、日出、圣灯、"十方普贤"铜像、金顶、舍身崖更是光影捕捉的决赛场。

信息：乐山大佛景区门票90元/人；峨眉山进山门票150元/人；夹江千佛岩门票30元/人；眉山三苏祠博物馆门票47元/人；洪雅瓦屋山门票50元/人

线路交通

成都—84公里成乐高速—眉山—50公里省道—夹江—3公里2级公路夹江千佛岩—22公里省道—峨眉—55公里峨乐快速公路—乐山—83公里成乐高速—眉山

全程路况良好，可以放心驾驶。

聚焦景区

摄影指数 ★★★

● 峨眉山

峨眉山中国四大佛教名山之一，因有山峰相对如蛾眉，故名。山上有寺庙约26座，重要的有八大寺庙，峨眉山佛事频繁，是举世闻名的普贤菩萨道场。峨眉山山势雄伟，陡谷深幽，飞瀑如帘，云海翻涌，林木葱茏，素有「峨眉天下秀」之美名。

峨眉山月自古留名。清音湖畔的水中月、万年寺的林中月、洗象池的云中月、金顶的天庭月，变幻莫测很值得拍摄。

峨眉十景之冠"金顶祥光"是峨眉山精华所在，它由日出、云海、佛光、圣灯四大奇观组成。日出观赏时间：夏季6:00，冬季7:00，云海观赏时间：早上9:00-10:00 下午3:00-4:00，佛光观赏时间：早上9:00-10:00 下午3:00-4:00，圣灯观赏时间：晚上9:00左右。

峨眉彩林，从山脚到山顶满山的彩叶层林尽染，是大自然色彩混搭的杰作。拍摄峨眉彩林，10月在金顶、雷洞坪、洗象池、双水井、万年寺较为集中；11月份则达到高潮，海拔1500米以上的峨眉山景区内均可任意选景。

摄影指数 ★ ★ ★

● **大佛禅院**

在峨眉山脚下的古城——峨眉山市里，有一座占地400余亩的汉传佛教建筑旷世之作——大佛禅院。作为朝拜峨眉山的第一门户，大佛禅院被称为"朝圣起点"。每当晨钟暮鼓响起的时候，梵音飘缈，寺庙恢宏，古城就沐浴在一片禅意之中。凌晨四五点钟，大佛禅院的晨钟召唤着院中的僧人们，开始一天的清修。沉寂的天色下，清脆的木鱼声回荡于禅院之中，也飘出红墙之外，直达喧哗的城市，让尘世中喧嚣的心灵找到回归宁静之路。

禅院的园林中，三大放生莲池，分别为"圆觉""等觉""妙觉"。妙觉莲池中有一处非常特别的景观，当你站在莲池的东面，天空没有云雾的时候，俯视水面，你会发现，金顶就睡在这汪宁静的池水中。

天府光韵

● 乐山大佛

乐山大佛地处乐山市，雄踞岷江、青衣江、大渡河三江汇流处，与乐山市城区隔江相望。乐山大佛依岷江南岸凌云山栖霞峰的临江峭壁凿造而成，故又名凌云大佛。佛像为弥勒坐佛，是唐代摩崖造像中的艺术精品，为世界上最大的石刻弥勒佛坐像。

影友贴士

乐山大佛远景山形酷似一尊卧佛横卧与江上，清晨薄雾和黄昏夕阳时拍摄更显其神秘庄严。大佛全景可在游船上拍摄，也可从铁牛门坐渡船去对岸凤洲上悠闲地拍摄。乌尤寺在一早一晚的迷人光影下宁静祥和，大佛身前很多精美的摩崖石刻也值得拍摄。

● 夹江千佛岩　　　　　　　　　　　　　　　摄影指数 ★ ★

夹江千佛岩位于夹江县城西3公里处，是蜀中著名古迹之一，被誉为"青衣绝佳之处"。靠青衣江左岸的石壁上，排列着200多窟石刻造像共2400余尊，故称"千佛崖"。石像开凿于隋，兴盛于唐，延及明、清。造像排列错落有致，少则独占一窟，多则上百尊集于一窟，大可逾丈，小不及尺，造型优美，技艺精湛，姿态各异，绚丽多彩，尤以"净土变"为佳，充分展示了中国古代高超的石刻艺术技艺。

眉山市的三苏祠博物馆、眉山老峨山、洪雅瓦屋山、彭山的彭祖山（仙女山）和江口汉崖墓、牛角寨大佛、青神县中岩寺也是极有特色的好去处。

影友贴士

每逢初春季节，青衣江边，一路的油菜花错落有致，依山而开，竹林、村落点缀其间，袅袅炊烟沿河蔓延，一派彩墨烟雨之色。

峨眉、乐山美食众多，西坝豆腐、跷脚牛肉、峨眉素席、峨眉山珍都是远近闻名的绝佳美食。眉山东坡美食系列是你绝对不能错过的。

飘香麻辣烫
Ⓐ 地址：峨眉山市书院街
Ⓣ 电话：0833-3351160

峨眉小吃连锁一店
Ⓐ 地址：峨眉山市中心
Ⓣ 电话：0833-5538444

龙腾鱼香
Ⓐ 地址：峨眉山市名山西路
Ⓣ 电话：0833-5539920

范记豆花饭店
Ⓐ 地址：峨眉山市万年西路
Ⓣ 电话：0833-5551799

王浩儿渔港
Ⓐ 地址：乐山市滨江路中段王浩儿码头
Ⓣ 电话：0833-2454838

啃骨头
Ⓐ 地址：乐山市中区滨河路778号教育学院对面
Ⓣ 电话：0833-2986488

钟氏西坝豆腐店
- Ⓐ 地址：乐山市滨江路南段
- Ⓣ 电话：0833-2106088

九妹凤爪
- Ⓐ 地址：眉山市府街

味积鲜鹅掌王
- Ⓐ 地址：眉山市东坡区环湖东路90号
- Ⓣ 电话：0833-8202898

阿歪梭边鱼
- Ⓐ 地址：眉山市一环路清枫立舍旁
- Ⓣ 电话：0833-8083888

客栈

峨眉山草根人家青年旅舍
- Ⓐ 地址：峨眉山市报国寺
- Ⓣ 电话：0833-5955099

乐山市兴隆客栈
- Ⓐ 地址：乐山市嘉兴路
- Ⓣ 电话：0833-2993137

乐山市西行客栈
- Ⓐ 地址：乐山市市中区
- Ⓣ 电话：0833-2100199

宾馆

峨眉山大酒店
- Ⓐ 地址：峨眉山市报国寺旁
- Ⓣ 电话：0833-5526888

峨眉山华生酒店
- Ⓐ 地址：峨眉山市绥山镇佛光南路400号
- Ⓣ 电话：0833-5546999

峨眉山金顶大酒店
- Ⓐ 地址：峨眉山金顶
- Ⓣ 电话：0833-5098088

乐山金海棠大酒店
- Ⓐ 地址：乐山市海棠公园附近
- Ⓣ 电话：0833-2128888

乐山嘉州宾馆
- Ⓐ 地址：乐山市白塔街19号
- Ⓣ 电话：0833-2139888

眉山市眉山宾馆
- Ⓐ 地址：眉山市东坡区下西街45号
- Ⓣ 电话：0833-8226666

眉山市眉山东坡国际大酒店
- Ⓐ 地址：眉山市东坡区湖滨路
- Ⓣ 电话：0833-8777777

商务酒店

峨眉山市云鼎商务酒店
- Ⓐ 地址：峨眉山市报国路95号
- Ⓣ 电话：0833-5052666

峨眉山宏济商务酒店
- Ⓐ 地址：峨眉山市名山路东段46号
- Ⓣ 电话：0833-5520001

乐山锦上商务酒店
- Ⓐ 地址：乐山市春华路南段237号
- Ⓣ 电话：0833-203111

眉山市眉山佳瑞商务酒店
- Ⓐ 地址：眉山市东坡区裴城路381号
- Ⓣ 电话：0833-8797888

眉山市紫荆花商务酒店
- Ⓐ 地址：眉山市赤壁路东段
- Ⓣ 电话：0833-8111611

天府光韵

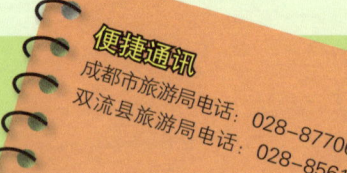

便捷通讯
成都市旅游局电话：028-87706026
双流县旅游局电话：028-85611609

Shishang Zhidu
时尚之都
Anyi Shenghuo
安逸生活

再没有比成都更宽容的城市，再没有比成都更多兼容传统和时尚的街区。春熙路、宽窄巷子、锦里、安顺廊桥，甚至黄龙溪镇，都承载了中国市井闲逸生活的诸多元素。

信息：大熊猫繁育研究基地门票60.00元

线路交通

成都—成都大熊猫基地—春熙路扫街—宽窄巷子喝茶—锦里看灯—望江品茗—安顺廊桥夜酒—黄龙溪转街—双流黄甲消夜（羊肉）

市内最好选择自行车出行，优哉游哉，其乐无穷。黄龙溪距市区50公里，为高等级公路，路况良好。

聚焦景区

● **成都大熊猫繁育研究基地**

摄影指数 ★★★★

成都大熊猫繁育研究基地位于成都市北郊斧头山，距市区10公里，基地占地 106 公顷，随着三期工程的扩建，基地面积将扩大到 200 公顷。大熊猫、小熊猫及其他许多濒危野生动物，在这里快乐生活，繁衍生息。

天府光韵

 影友贴士

秋天是参观熊猫基地的最好季节，可以看到刚出生的熊猫幼崽。每年冬天较冷的气候适宜大熊猫户外活动，熊猫妈妈带着幼崽玩耍嬉戏场景是很好的拍摄主题。拍摄时最好使用长焦镜头且尽量调大光圈使用高速快门。另外熊猫基地的生态环境非常好，天鹅、白鹭等大量鸟类喜欢生活在这里，所以也是观鸟和拍鸟的好地方。

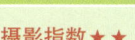 摄影指数★★

● 安顺廊桥

安顺廊桥位于成都府河与南河交汇处的合江亭旁，横跨南河。安顺桥有着悠久的历史，最初的建筑踪迹可以追溯到元代。在马可·波罗的游记中，安顺廊桥是他印象中较为深刻的四座大桥之一，现在河边是成都很有名的酒吧一条街，川西民居与时尚酒吧的完美结合，风格别致。

影友贴士

每逢端午，在合江亭、安顺廊桥这段河面上飘满的星星河灯与两岸灯火辉煌映衬是好看。夕阳西落、华灯初上锦江两岸精美的传统建筑与现代高楼倒影在平静的河面之上，构成典型气质的成都映像。

● 锦里　　　　摄影指数 ★ ★ ★ ★

　　锦里位于武侯祠博物馆旁，清末民初建筑风格的仿古建筑错落有致，现已成为成都市著名的民俗步行街。其间酒吧、茶肆、小吃、客栈一应俱全，小桥流水、亭台楼阁尽显老成都街巷建筑格局风韵。

影友贴士

　　锦里紧邻着武侯祠，游锦里可以顺便到汉昭烈庙和刘湘陵一逛。在锦里喝茶、泡酒吧是一件很惬意的事情，拍摄夜街、夜店是很好的题材。每年元宵节期间的大庙会，挂满各式灯笼的小街，摩肩接踵的人流，更显热闹非凡，是一处民俗摄影的好去处。

● 宽窄巷子

宽巷子与窄巷子是成都这个古老又年轻的城市往昔的缩影，一个记忆深处的符号。当游人伴着夕阳，望着炊烟，走在黄昏中的巷子里，一种久违的市井生活场景浮现在眼前。

 影友贴士

宽窄巷子其实是三条巷子组成，分别是宽、窄、井巷子，宽巷子是主街，保存修缮的古院落最多也最有特色，适合早上和夜间拍摄。窄巷子仿古酒廊、茶吧、饰品店、西餐厅比较多，更适合夜晚拍摄。井巷子有一面民俗墙，很有味道，也是一处拍摄亮点。

● 黄龙溪　　摄影指数 ★ ★ ★

黄龙溪位于成都平原南部，距成都市区50公里，是成都周边典型的山水小镇。这里山清水秀，没有大城市的喧嚣与嘈杂；弯弯曲曲的石径古道，河边飞檐翘角的木质吊脚楼，街道上的茶楼店铺，古庙内的缭绕青烟等，展现出一幅四川乡镇的民俗风情图，给人一种古朴而又新奇的感受。

影友贴士

黄龙溪因电影《死水微澜》而出名，这里铺满青石板的老街、宽阔的江岸，还有那河中心著名的老榕树都是无数画家青睐的对象。重新整修后这里更加迷人，在这里拍摄最好是在古镇小住，慢慢体味这极具川西民俗特色的千年古镇。

天府光韵

● 成都茶馆

影友贴士

成都传统的街边茶馆在市区内越来越少，但在人民公园里著名的鹤鸣茶社，锦江河边的滨河茶铺，北书院街，还能看到这些顽强的茶客坚守着这样的成都生活。

在成都不得不提茶馆，它是成都人生活中不可或缺的必需。特别是在成都稀缺的太阳天，三朋四友茶馆一聚，懒懒地晒着太阳，摆不完的天下事、道不尽的龙门阵。你不禁好奇，成都人为什么会这么悠闲！答案就得等你在茶馆里坐下来自己去体味了。

● 春熙路

春熙路是西南第一商业街，是成都最具代表性、最繁华热闹的商业步行街。取老子《道德经》中"众人熙熙，如享太牢，如春登台"的典故，命名为春熙路。

影友贴士

春熙路，成都主要的时尚商圈，成都美女集中出没的地方。扫街长焦镜头必备，但拍摄时注意礼貌，以免引起误会。

春熙路附近是成都小吃集中的地方，总府路、华兴街、科甲巷、纯阳观街、永兴巷等也是市区里特色餐馆林立的地方。龙抄手、华兴街煎蛋面、赖汤圆、青石桥肥肠粉、夫妻肺片、雨田烧菜让人馋涎欲滴。

　　坐在宽窄巷子古色古香的老房子里品色香味俱佳的精品私房菜；锦里的小吃和西餐；黄龙溪的黄辣丁、双流的羊肉无一不是让人味蕾兴奋的美食。

赖汤圆
Ⓐ 地址：总府路27号
Ⓣ 电话：028-86629976

青石桥肥肠粉
Ⓐ 地址：宾隆街18号附3号
Ⓣ 电话：028-86656040

夫妻肺片
Ⓐ 地址：总府路23号
Ⓣ 电话：028-66617171

龙抄手总店
Ⓐ 地址：联升巷9号
Ⓣ 电话：028-86678678

茶马古道野菌餐厅
宽巷子27号
Ⓣ 电话：028-86269695

香积厨
Ⓐ 地址：宽巷子18号
Ⓣ 电话：028-86696153

胡里
Ⓐ 地址：窄巷子35号
Ⓣ 电话：028-86698550

廊桥
Ⓐ 地址：滨江东路66号
Ⓣ 电话：028-84443888

九拍
Ⓐ 地址：窄巷子31号
Ⓣ 电话：028-66432999

大妙火锅
Ⓐ 地址：锦里2期
Ⓣ 电话：028-85591111

花间
Ⓐ 地址：宽巷子16号
Ⓣ 电话：028-87763494

首席川菜
Ⓐ 地址：锦里2期
Ⓣ 电话：028-85536666

客栈

龙堂客栈：
Ⓐ 地址：成都市青羊区宽巷子26号
Ⓣ 电话：028-86648408

梦之旅青年旅舍
Ⓐ 地址：成都市武侯祠大街242号
Ⓣ 电话：028-85570315

九龙鼎青年客栈
Ⓐ 地址：成都市武侯区武侯祠大街246号
Ⓣ 电话：028-85548131

宾馆

成都香格里拉大酒店
Ⓐ 地址：成都市锦江区滨江东路9号
Ⓣ 电话：028-88889999

合江亭翰文大酒店
Ⓐ 地址：成都市锦江区滨江东路138号
Ⓣ 电话：028-86656215

成都蜀风园大酒店
Ⓐ 地址：成都市青羊区长顺上街125号
Ⓣ 电话：028-86269393

长生源宾馆
Ⓐ 地址：成都市青羊区西胜街29号
Ⓣ 电话：028-86637769

半岛酒店总府店
Ⓐ 地址：成都市锦江区大慈寺路76号
Ⓣ 电话：028-86538888

紫微酒店
Ⓐ 地址：成都市锦江区总府路8号
Ⓣ 电话：028-86666168

黄龙溪黄龙大酒店
Ⓐ 地址：双流黄龙溪
Ⓣ 电话：028-85696111

商务酒店

锦里自由时酒店
Ⓐ 地址：成都市武侯区武侯祠大街113号
Ⓣ 电话：028-85536111

莫泰168连锁酒店
Ⓐ 地址：成都市武侯区老马路8号
Ⓣ 电话：028-85455000

7天连锁酒店红瓦寺店
Ⓐ 地址：成都市武侯区群众路5号
Ⓣ 电话：028-85434740

安逸158连锁酒店（武侯店）
Ⓐ 地址：成都市武侯区洗面桥横街28号
Ⓣ 电话：028-85599158

成都香舍尔公寓式酒店
Ⓐ 地址：成都市锦江区正科甲巷48号科甲大厦1楼、7-19楼
Ⓣ 电话：028-86673236

便捷通讯

邛崃市风景旅游局电话: 028-88793472
大邑县旅游局电话: 028-88222722
崇州市旅游局电话: 028-82206008
雅安市旅游局电话: 0835-2223073
洪雅县旅游局电话: 0833-7403356
柳江古镇景区管委会联系电话: 028-37409868

Guzhen
古镇之旅 Zhilü

　　川西古镇无不因水而兴，枕水而盛。百年沧桑，风华各异。安仁的建筑、平乐和上里的水墨山水、望鱼的幽静、彭镇的集市和老茶馆无一不是摄友的至爱。

信息：均无门票。

 ## 线路交通

　　成都—成青快速通道—街子古镇—30公里—怀远古镇—15公里—元通古镇—16公里—安仁古镇—48公里成温邛高速—成都

　　成都—82成温邛高速—邛崃—19公里平乐古镇—60公里—上里古镇—30公里—望鱼古镇—50公里成雅高速—西崃古镇—60公里成雅高速—成都

　　这条线路全是城区道路和省道以及一些新修的高等级公路，道路状况很好，可以放心驾驶。

天府光韵

聚焦景区

摄影指数★★★★

● 上里古镇

上里古镇位于雅安市北部，距雅安城区27公里。提起上里——这水一样的明清古镇，她的古朴无华而富有文化底蕴的古镇风情，已经成为视觉艺术界采风、写生的聚集地。古镇初名"罗绳"，是唐蕃古道上的重要边茶关隘和茶马司所在地。古镇的街道均为石板铺成，建筑群的房屋为木制楼阁，错落有致，青瓦飞檐流光溢彩，木制的窗、枋、檐均以浮雕、镂空雕、镶嵌雕刻组合而成，画面栩栩如生，精美的木雕艺术虽然被岁月侵蚀而失去了光鲜色泽，然而图案蕴含的传统文化遗存，工艺的精湛、构图的精于巧思，却以其沧桑美感震撼了无数有幸一睹其风华的客人。

这里是昔日的南方丝绸之路，临邛古道进入雅安的重要驿站。小镇依山傍水，田园小丘，居民以木屋为舍，现仍保留着许多明清风貌的吊脚楼式建筑。风格各异的桥文化，独特的牌坊文化，罕见有趣的泉文化，禅意幽幽的塔文化。工艺精湛的建筑群正是上里古镇拍摄要点，雾中的上里正是一幅天然的水墨画卷。在上里春秋两季适合早晚拍摄雾中上里，夏天适合拍古镇人文景致。

摄影指数 ★ ★ ★

● 平乐古镇

平乐古镇距历史文化名城邛崃西南18公里，古称"平落"，其历史可追溯至上古时代，迄今已有两千多年的历史。发源于天台山的白沫江自西向北流经古镇，两岸古木参天（尤以树冠巨大的黄葛树为多），远远望去如云盖地。沿江而建的吊脚楼、青石铺成的街道，一望无涯的竹海，江中往来的竹排、拱桥，千百年来共同培育了古镇人田园诗般的山水情怀，涵养着古镇天然清新的乡土文化。

📷 影友贴士

平乐镇上的古街铁匠铺、造纸作坊、古戏台、千年古榕树下的茶馆以及几个古牌坊都是不能错过的拍摄点。江边的水门、乐善桥以及三个码头也都是拍摄平乐全景的好点。水车、安乐堰和一江分三水是拍水景的去处，时间充足的话，也可乘坐竹筏沿江拍摄。平乐的夜景也很漂亮，不仅仅是江边，小街小巷的夜景也是味道十足。

● 柳江古镇

柳江古镇位于四川眉山洪雅县西南35公里处，始建于南宋，一座座古朴的木板房吊脚楼依着根枝盘错的黄葛古树，木板房半边街的尽头，连接着一条石板长街，不着一字，尽显古道的沧桑。　柳江镇依傍的河流不叫柳江，而是花溪河与杨村河。两条河汇集于柳江镇，在合流处形成一个河中小岛。岛上绿树掩映处隐隐有民居，颇有诗情画意。据说小岛早年被一画家买下定居，让人不由赞叹这位画家的眼力。

影友贴士

　　春、夏时节在柳江拍摄最为合适。曾家大院是古镇里最大的明清建筑群，有四进四合院、三个戏台，院中有观景台、八字龙门、小姐楼等，柳江古镇更是个人像摄影的好外景地。

● 街子古镇

街子古镇位于崇州市西北25公里的凤栖山下，街子古镇前望川西平原，后依青城山，得青城仙气护佑。背后远山形如凤，故名凤栖山，与此毗邻的是九龙沟，卧龙栖凤，正应了"龙凤呈祥"。西有天国山环护，回龙寺高踞其上。北有笔架山作屏障，七仙洞的清凉、灯盏窝的奇光，为古镇增添几分神秘色彩。

影友贴士

街子古镇让游客驻足流连的依然是长约300米的老街，从明末清初历经沧桑保留下来的古老民居和居住在这里的淳朴温厚的街子人。古街、古寺、老茶馆是拍摄不能错过的地方。

● 望鱼古镇

望鱼古镇位于距雅安市区南端34公里处，是"三山旅游环线(峨眉山—瓦屋山—周公山)"上的重要节点，是昔日南方丝绸之路、临邛古道进入成都的另一重要驿站。主要建筑坐落在突兀于山腰的一块巨石之上，因巨石形似一只守望着周公河游鱼的猫而得名。

影友贴士

望鱼古镇不大，拍摄主题集中在那百米古街上，一早一晚特别适合拍摄，霞光、炊烟相映成趣。

天府光韵

● 安仁古镇

摄影指数 ★ ★ ★

安仁古镇，地名取"仁者安仁之意"而名之，位于成都西部大邑县境内，距大邑县城8公里。安仁古镇始建于唐朝，现存的旧式街坊建筑多建于清末民初时期，尤以民国年间刘氏家族（刘文辉、刘湘、刘文彩等）鼎盛时期的家宅建筑最多，风格中西式样结合，庄重、典雅、大方的各式院落，造就了安仁镇特殊的建筑风貌，号称"川西建筑文化精品"。

古镇上的建川博物馆聚落，占地500亩，现有藏品800余万件。聚落内建设有抗战系列、民俗系列、红色年代系列三大系列20余个分馆，是目前国内民间资金投入最多、建设规模和展览面积最大、收藏内容最丰的民间博物馆之一。

影友贴士

安惠里是一条连接民国庄园豪宅刘文彩公馆、刘成成公馆、刘文昭公馆与刘文辉公馆的长约300米的街道，这条街道是拍摄重点。建川博物馆的拍摄内容比较多，题材也很多样化。建议先上网收集相关资料后再去拍摄，更利于抓到精彩的内容。

● 彭镇

彭镇历史悠久，俗称彭家场，位于双流县城西北3公里处，始建于明代，素有"水陆要冲"之称，有着丰富的文化底蕴。彭镇曾有"六庙"（关帝庙、文昌庙、燃灯寺、观音寺、万年台、川主宫）、"三会馆"（福广馆、江西馆、广东馆）、"一阁"（天一阁）等多处古建筑。

影友贴士

走进彭镇的老茶馆，透过屋顶亮瓦洒下的光柱，弥漫的烟雾，三三两两喝茶打牌的老人，茶馆外的剃头摊、铁匠铺，一幅幅川西农耕生活的原生态画面，让岁月倒流。

"怀远三绝"远近闻名；街子古镇只传媳妇不传儿子的"汤麻饼"；平乐古镇的碗碗羊肉、河水豆花、奶汤面；望鱼古镇的雅鱼、西崃古镇的铲发粑、猪儿粑、丝网粑、窝窝粑；柳江的红豆腐、野生河鱼、野生黄辣丁、炸小鱼都是应该品尝的美食。

唐叶儿粑

Ⓐ 地址：崇州市怀远镇（文井北路上段）

Ⓣ 电话：028-80705303

食全食美

Ⓐ 地址：邛崃市平乐古镇

Ⓣ 电话：028-88781788

平落堂酒道馆

Ⓐ 地址：邛崃市平乐古镇禹王街

Ⓣ 电话：028-88781666

客栈

驰宇客栈

Ⓐ 地址：邛崃市平乐镇迎宾大道

Ⓣ 电话：028-88781892

平乐国际青年旅舍

Ⓐ 地址：邛崃市禹王街平乐古镇上

Ⓣ 电话：028-88783331

上里古镇山庄

Ⓐ 地址：雅安市上里镇

Ⓣ 电话：0835-2316838

上里古镇客栈

Ⓐ 地址：雅安市上里镇

Ⓣ 电话：0835-2316535

望鱼古镇客栈

Ⓐ 地址：望鱼乡古镇正街

Ⓣ 电话：0835-2328167

柳江柳庄客栈

Ⓐ 地址：洪雅柳江古镇玉屏街

Ⓣ 电话：13404065718

柳江古榕客栈

Ⓐ 地址：洪雅柳江古镇古榕树旁边

Ⓣ 电话：0833-7527589

临江楼饭店

Ⓐ 地址：平乐古镇禹王街

Ⓣ 电话：028-88781092

桥头饭店

Ⓐ 地址：望鱼乡桥头

古镇饭店

Ⓐ 地址：望鱼乡政府旁

巧姑传名小吃

Ⓐ 地址：蒲江县西崃镇

万岁凉粉店

Ⓐ 地址：洪雅县柳江镇老街

知青饭店

Ⓐ 地址：洪雅县柳江镇老街

宾馆

高尔国际会所酒店

Ⓐ 地址：106省道青城高尔夫球场内

Ⓣ 电话：028-87170088

雅安宾馆

Ⓐ 地址：雅安市雨城区东大街2号

Ⓣ 电话：0835-2222826

雨都饭店

Ⓐ 地址：雅安市雨城区挺进路157号

Ⓣ 电话：0835-2601999

红珠宾馆

Ⓐ 地址：雅安市雨城区陇西路88号

Ⓣ 电话：0835-8018888

华生国际酒店

Ⓐ 地址：峨眉山市半山七里坪（离柳江古镇17公里）

Ⓣ 电话：0833-7546999

茂源宾馆

Ⓐ 地址：眉山市洪雅县（离柳江古镇15公里）

Ⓣ 电话：0833-7536148

天府光韵

Dongshan
东山客家 *Kejia*

只有了解了东山客家的迁徙史，你才能拍出不一样的客家人、客家饭、客家服饰、客家场馆、客家民俗。阳春三月是桃花故里最浪漫的季节，花、人、景无不兴高采烈。

信息：这段行程没有门票。

线路交通

成都—6.8公里—三圣乡—15公里—洛带古镇—10公里—龙泉书房村—8公里—成都

道路状况很好，可以放心驾驶。

聚焦景区

摄影指数 ★ ★ ★

● 洛带古镇

所谓东山，其实是成都以东的一片丘陵地带；而自清代以来，东山成为客家人居住区，成都人便用东山借指客家人，东山又逐渐成为一个文化概念。

洛带镇位于成都市龙泉驿区北部，距龙泉城区10公里。洛带古镇历史悠久，相传汉代即成街，名"万景街"。全镇85%以上都是客家移民的后裔，主要来自广东、江西、湖北、湖南等省的客家人聚居地。上千年的悠久历史和多种文化相互交融，留下众多民间传说、历史遗留、古老建筑、客家会馆。保存完好的有千年老

天府光韵

影友贴士

　　洛带古镇一街七巷子尽显客家建筑格局，广东会馆、江西会馆是首选的拍摄场地，火龙节、水龙节的壮观场面更是摄友的最爱。拍摄火龙节和水龙节时最好给相机配置一个防护罩，以免被水和烟花损坏。火龙节在每年的春节期间举行，水龙节在每年的七月二十五日前后举行。

街、明清民居、客家会馆建筑群和金龙寺等众多历史古迹，在这里一年一度的"水龙节""火龙节"更是几百年来客家人传承下来的特色民俗活动。

摄影指数 ★★★

● **书房村**

　　龙泉的书房村是闻名遐迩的桃李人家。这里家家种桃，户户栽李。每年阳春三月，这里浅丘的田野上是桃花、李花的海洋。看着这春天的色彩，闻着春天的田野气息和隐隐的花香，既是桃源仙境，更是一年新希望蓬勃的时节。

影友贴士

　　龙泉看桃花是成都人每年的赏花盛事，周末人流如织。到书房村拍摄，每年在阳历3月份最佳，建议最好避开周末的游客高峰。

影友贴士

　　三圣花乡夏天在荷塘月色拍荷花，秋天在东篱菊园拍菊花，冬天在幸福梅林拍腊梅花，春天在江家菜地踏春。

● 三圣花乡

　　国家AAAA级旅游景区三圣花乡，是中国最具品牌意义的农家乐集中区，也是中国乡村旅游的发源地。"三圣花乡"涵盖成都锦江区的五个村落，包括幸福村的"幸福梅林"，江家堰村的"江家菜地"，红砂村的"花乡农居"，驸马村的"东篱菊园"，万福村的"荷塘月色"，五个村子并称为"五朵金花"。景区内有蜀中茉莉花故里的茉莉园、具有农耕社会图腾崇拜的牛王庙、百亩玫瑰主题风情园、成都维生花卉园艺等众多景点，拥有科技示范区、苗木种植区、精品盆花区、鲜切花展示区、川派盆景区、彩色植物区等六大花卉生产、观光片区，以及各具风情的三百余家休闲娱乐场所，其中的"幸福梅林"和"花乡农居"景区人气最旺，已成为成都近郊著名的休闲度假胜地。

　　洛带镇的客家美食很多，供销社的烟熏油烫鹅、广东会馆的伤心凉粉、客家食府的客家九斗碗都是不容错过的美食。幸福梅林三槐院的酱烧鸭、脆皮鱼也极具风味。

洛带供销社饭店
☎电话：028-84893533

洛带新民饭店
☎电话：028-84893887

洛带客家食府
☎电话：028-84895201

幸福梅林三槐院
☎电话：13808237100

客栈

洛带镇洛镇商业会馆
☎电话：028-84892398

洛带镇添智客栈
☎电话：028-84894602

金龙镇金龙山庄
☎电话：0832-7321068

天府光韵

Secai

色彩盛宴

Sheyang

镜头聚焦

童话世界 *Tonghua Shijie* / 红叶 *Hongye*
草原 *Caoyuan* / 羌寨 *Qiangzai* / 碉楼 *Diaolou* ▶

草地

童话世界

红叶

藏寨

色彩盛宴
Secai Shengyan

导游图

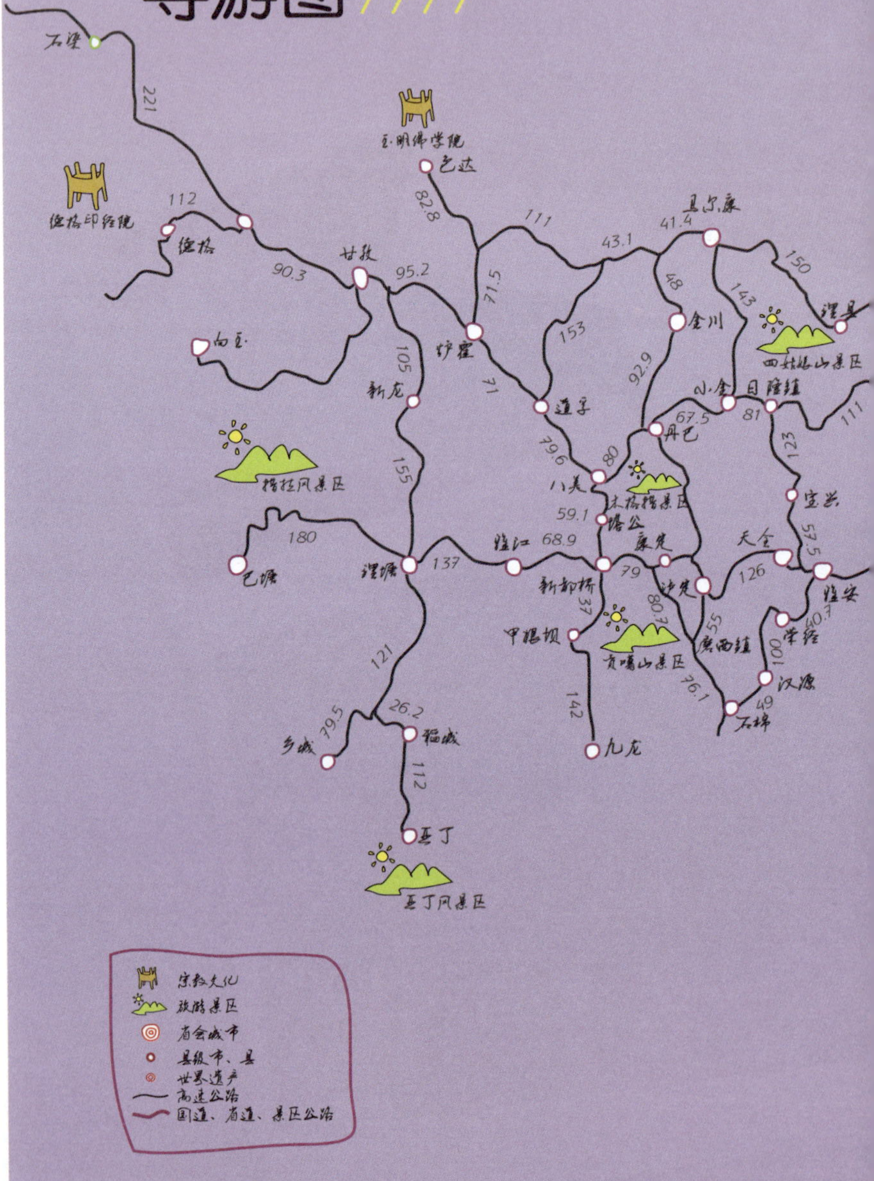

石渠

221

玉明佛学院
瓦达

828

伦揭印经院

112
伦揭
90.3
甘孜
95.2
炉霍
71.5
111
153
43.1
41.4
且尔康

150
48
金川
143
瞿县
四姑娘山景区

白玉

105
新龙
71
道孚
92.9
小金
目陵镇
81
123
111

稻狂风景区

155
67.5
丹巴
80
八美
59.1
木格措景区
塔公
68.9
康定
79
宝兴

180
巴塘
理塘
137
雅江
新都桥
37
折多
80.7
天全
126
雅安

121
甲根坝
贡嘎山景区
55
荣西镇
76.1
汉源
石棉
49
100
60.7
荥经
72.5
汉源

乡城
79.5
26.2
稻城
142
九龙

112
亚丁

亚丁风景区

宗教文化
旅游景区
省会城市
县级市、县
世界遗产
高速公路
国道、省道、景区公路

成都市

摄游线路精选

● **童话世界**

极尽妖娆的水色，神秘的扎侬扎嘎传说，纯真如昔。

成都—江油—平武—九寨沟—川主寺—黄龙—松潘—茂县—汶川—成都

● **壮美草原**

时间凝固于云朵，无际的花海平息所有的喧哗。

成都—马尔康—阿坝—红原—唐克—花湖—郎木寺—若尔盖—川主寺—茂县—成都

● **山水秋色**

醉看岷江河谷，一生入梦的连绵雪峰。

成都—映秀—卧龙—四姑娘山—金川—马尔康—毕棚沟—理县—茂县—九顶山—汶川—成都

● **油彩之旅**

这里的千万种色彩都要歌唱，你会是摄影界的凡高吗？

成都—汶川—理县—达古冰川—三奥雪山（奥太基）—奶子沟彩林谷—黑水—色尔古藏寨—茂县—都江堰—成都

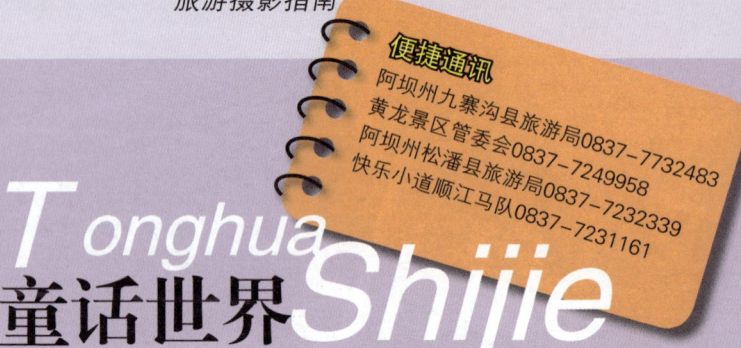

便捷通讯

阿坝州九寨沟县旅游局0837-7732483
黄龙景区管委会0837-7249958
阿坝州松潘县旅游局0837-7232339
快乐小道顺江马队0837-7231161

Tonghua Shijie
童话世界

　　九寨、黄龙、雪宝顶，不是"人间的风景"，它超凡脱俗，纯真而清澈，完全颠覆了中国传统山水审美体系。九寨沟以众多海子极尽妖娆的水色震惊世界，其中又以树正群海、五花海、镜海等最具诱惑力。黄龙的钙华池、石塔镇海转花池不负"人间瑶池"的盛名。松潘"快乐的小路"拥有无数的国际粉丝，是与大自然完全融合、荡涤心魄的奇幻之境。

　　对摄友而言，最好的季节是夏天丰水季节和深秋时节。

信息：黄龙景区门票：旺季200元/人，淡季60元/人，景区内红岩关索道票价：上行80元/人，下行40元/人。九寨沟景区门票：旺季220元/人，淡季80元/人，景区内观光车旺季100元/人，淡季90元/人。雪宝顶景区暂时没有收费。

 线路交通

　　成都—156公里成绵高速—江油—130公里省道205线—平武—132公里省道205线—九寨沟县—41公里旅游公路—九寨沟口—98公里省道205线—川主寺—51公里—黄龙省道205线—98公里省道205线—松潘—省道205线茂县—省道205线汶川—都汶高速都江堰—成灌高速—成都

　　松潘到茂县、茂县到汶川有些路段因施工原因，需要小心驾驶。

 聚焦景区

● 九寨沟

摄影指数★★★

世界自然遗产——九寨沟风景名胜区位于四川省阿坝藏族羌族自治州九寨沟县境内，因沟内有9个藏族村寨而得名，距省会成都市400多公里。九寨沟是一条纵深40余公里的山沟谷地，九寨沟有彩林、叠瀑、翠海、雪峰、藏情五绝，素有"童话世界"之誉，深得全球游客喜爱。

色彩盛宴

影友贴士

在九寨沟拍摄，树正寨是景区观光车的第一个停车点。在这里可以步行前往拍摄犀牛海、树正群海、树正瀑布。要拍摄荷叶寨、盆景滩、芦苇海、双龙海、火花海、卧龙海就必须步行返回，这几处景点只有中午几小时有阳光照射，拍摄的光影效果最好。其中火花海有一般游客不知道的奇观（早上在海子边等待第一束阳光从山岭上射下，海子水面会出现成簇的光斑，跳跃着移动，极震撼）；第二个停车点距诺日朗瀑布不远，可步行至珍珠滩。镜海、珍珠滩瀑布、珍珠滩、孔雀河道、五花海、熊猫海瀑布、箭竹海、熊猫海这几处海子建议乘车到熊猫海下车再步行往回走，其中最漂亮的五花海值得多停留些时间。另外一条线路上的上季节海、下季节海、五彩池、长海路途较远，建议乘车前往，特别是长海景色淼阔，完全值得一去。

● 黄龙

　　黄龙风景名胜区位于四川省阿坝藏族羌族自治州松潘县境内，距九寨沟130公里。风景区由黄龙景区和牟尼沟景区两部分组成，海拔在3000米以上，是中国最高的风景名胜区之一。地表钙华是黄龙景观的最大特色，主要景观集中于长约3.6公里的黄龙沟。沟内遍布碳酸钙华沉积，并呈梯田状排列，仿佛是一条金色巨龙，并伴有雪山、瀑布、原始森林、峡谷等景观。

影友贴士

　　黄龙景区主要景点是以迎宾池、飞瀑流辉、洗身洞、金沙铺地、盆景池、石塔镇海、转花池为主。景点比较集中，不容易错过。最佳拍摄时间一般选择上午和下午四点以后拍摄。因安全原因，冬季黄龙景区部分会封山关闭。

色彩盛宴

雪宝顶

岷山主峰雪宝顶为藏区苯波教七大神山之一，海拔5588米，藏语为"夏旭冬日"，即东方的海螺山。雪宝顶山高万仞，峰峦叠嶂，松峰积雪，六月如银，是登山爱好者的一大乐园。

影友贴士

雪宝顶作为登山线路现在还在修建，不太适合普通游客前往景区。现在新修了两个观景平台，其中雪山梁子观景台可以拍摄整个岷山主峰雪宝顶。雪宝顶登山重要路段有冰雪山脊、骆驼背、C1营地、黑色走廊、乌龟背等都是登山途中拍摄的好位置。

摄影指数 ★ ★ ★ ★

松潘快乐小路

在西南的景区，没有哪一个马帮像松潘"快乐的小路"那样，在海外上了那么多的旅游指南，在背包族中有着那么大的名气。小道行程一般安排3~5天，松潘县城、牟尼沟、扎嘎瀑布、二道海、上寨、窑沟山、松潘古城是线路上的主要景点。

影友贴士

松潘快乐小道主要是体验游，路上拍点很多，其中牟泥沟、两道海是经典路段。拍摄以夏秋季节最好，骑马翻越西岷顶时可拍摄岷山主峰雪宝顶，牟泥沟峡谷到二道海沿途风景也不错，二道海是这条线路的经典之处，一定要多留时间拍摄。上寨、窑沟村是拍摄藏寨的理想之地，当地人很热情，乐意拍照。沿快乐小道返回松潘还可以拍摄大唐松州的美丽夜景。

● 汶川地震遗迹　　　　摄影指数 ★★★★

映秀镇境内的漩口中学、百花大桥、映秀镇入口处巨石、"5·12"遇难者公墓、牛眠沟震源点、地震断裂面坑、雁门乡萝卜寨地震遗址等都是著名的遗迹。

影友贴士

漩口中学的公祭台是最应该去看看的地方。地方不大，题材很多，拍摄季节不限，最好配上广角镜头。拍摄地震遗迹请勿大声喧哗，请尊重逝者！

🍴 九寨沟比较有特色的是土豆糍粑、九寨柿饼、荞面饼、九寨酸菜面等风味小吃。还有烤全羊、酥油茶、青稞酒、牦牛肉、虫草鸭等。

松潘有特色酸菜面块，以及大家熟悉的牛羊泡馍、羊肉水饺、牛肉拉面、羊肉饼、姜汁拌汤、卤汁粉鱼、粉蒸羊肉、贴糕、水盆羊肉等牛羊类食品。

九寨山珍风味酒楼
Ⓐ地址：九寨沟县301省道旁
Ⓣ电话：0837-7764918

九寨藏家楼
Ⓐ地址：九寨沟县漳扎镇中心小
　　　 学南

九寨藏家烤全羊
Ⓐ地址：九寨沟县漳扎镇
Ⓣ电话：0837-7734676

重庆毛哥老鸭汤
Ⓐ地址：九寨沟彭丰村兴兴超市旁
Ⓣ电话：0837-7764851

寨蜀香酒楼
Ⓐ地址：九寨沟县301省道彭丰村
Ⓣ电话：0837-8896313

川主寺鲶鱼庄
Ⓐ地址：松潘县301省道川主寺镇
Ⓣ电话：0837-8896313

松潘如意饭店
Ⓐ地址：松潘县城顺城北路
Ⓣ电话：0837-7231680

川主寺国宾大酒店
Ⓐ地址：松潘县川主寺镇过境路
Ⓣ电话：0837-7242188

松潘县老兵大排档
Ⓐ地址：松潘县城顺城北路
Ⓣ电话：0837-7231892

🏠 摄影人最喜欢住的九寨沟牛卓桑藏式青年旅社，接待量有限，需预定。其他住宿点很多，很便利。黄龙景区没有住宿点，一般在川主寺住宿。前去雪宝顶的游客也可在松潘住宿。

客栈

九寨沟牛卓桑藏式青年旅社
Ⓐ地址：四川省阿坝藏族羌族自治州九寨沟县漳扎镇龙康村小学球场旁
Ⓣ电话：0837-7768012

九寨沟MCA国际乡村客栈
Ⓐ地址：四川省阿坝藏族羌族自治州九寨沟县九寨沟边边街
Ⓣ电话：028-86930637

九寨沟自游国际青年旅舍
Ⓐ地址：四川省阿坝藏族羌族自治州九寨沟县漳扎镇
Ⓣ电话：0837-7735557

宾馆

九寨沟喜来登国际大酒店
Ⓐ地址：九寨沟县漳扎镇
Ⓣ电话：0837-7739988

九鑫山庄
Ⓐ地址：九寨沟县漳扎镇离沟口500米
Ⓣ电话：0837-7739588

仁智度假酒店
Ⓐ地址：九寨沟县漳扎镇离沟口1.4公里
Ⓣ电话：0837-7737666

川主寺国宾大酒店
Ⓐ地址：松潘县川主寺镇过境路
Ⓣ电话：0837-7242188

川主寺新良酒店
Ⓐ地址：松潘县川主寺镇
Ⓣ电话：0837-7242988

川主寺阳光酒店
Ⓐ地址：松潘县213国道雪山加油站对面
Ⓣ电话：0837-7241219

九寨沟风景名胜区管理局贵宾楼饭店
Ⓐ地址：九寨沟县漳扎镇九寨沟风景名胜区沟口
Ⓣ电话：0837-7739136

九寨君悦度假酒店
Ⓐ地址：九寨沟县漳扎镇火地坝沟口500米
Ⓣ电话：0837-7737666

商务酒店

九寨天堂甲蕃古城假日酒店
Ⓐ地址：九寨沟县301省道甲蕃古城内
Ⓣ电话：0837-7788888

松潘县同益饭店
Ⓐ地址：松潘县顺城北路
Ⓣ电话：0837-8800013

松潘县如意饭店
Ⓐ地址：松潘县顺城北路
Ⓣ电话：0837-7231680

色彩盛宴

便捷通讯

若尔盖旅游局电话: 0837-2298081
红原旅游局电话: 0837-2662013
马尔康旅游局电话: 0837-2631322
阿坝县旅游局电话: 0837-2824181

Zhuangli
壮丽草原*Caoyuan*

　　时间似乎凝固。蓝天、白云和牦牛群仿佛存在了几千年。看云影慢慢掠过无际的草原，捕捉黄昏那最后一抹笼罩"九曲黄河第一湾"的余晖。"花湖"依旧摇曳生姿，"天神的花园"——年宝玉则以女神般的圣洁让你几乎下跪。

　　循着喇嘛诵经的和声，远远的白色塔林，一步一匍匐的教徒，那些猎猎作响的经幡，被光阴雕刻了的藏传佛教寺庙建筑，你将在著名的格尔底寺、麦洼寺、郎木寺、查理寺等大小寺庙中意乱神迷。

　　信息：年宝玉则门票60元/人；瓦切塔林门票20元/人，九曲黄河第一湾门票48元/人；花湖门票78元/人；郎木寺门票20元/人；麦洼寺门票30元/人。

线路交通

　　成都—220公里317国道—理县—150公里317国道—马尔康县—280公里省道阿坝县—147公里省道红原县—81公里省道唐克—95公里省道花湖—58公里213国道郎木寺—89公里213国道若尔盖—148公里213国道川主寺—九环线143公里茂县—210公里成都

　　成都到映秀是高速路，映秀到理县沿途有多处工地，需小心驾驶。阿坝到红原路面正在拓宽，会有短时单边放行情况出现。

聚焦景区

摄影指数 ★ ★ ★ ★

● 红原大草原

　　月亮湾是红原大草原上的精华景点，距红原县城3公里。因草原上的河流弯曲像弯月，故名"月亮湾"。瓦切是

影友贴士

　　红原主要拍龙日坝草原的野花和月亮湾的晚霞。月亮湾适合在春、夏天拍摄漫山遍野的野花和壮观的日落。观景台常年风都比较大，需多穿衣服并准备抗风性强的三脚架来拍摄。

纪念第十世班禅大师颂经祈福之地，塔林周围是一片连绵的经幡，甚为壮观。

● 九曲黄河第一湾

　　九曲黄河第一湾位于若尔盖县唐克乡，距县城61公里。地处草原腹心地带，白河于此汇入黄河，形成黄河上游第一个大转弯，隔河与甘肃省相望。黄河第一弯河面宽而蜿蜒曲折，河水分割出无数河洲、小岛，水鸟翔集、水流舒缓，岸边红柳成林。索克藏寺院修筑于黄河第一弯山凹临河处，白塔古寺，帐篷炊烟相伴黄河，更显自然悠远博大。

　　被誉为"宇宙中庄严幻影"的黄河九曲第一湾，清澈的河流水势平缓，蓝天白云，绿草繁花，帐篷炊烟，牛羊骏马，盘旋的雄鹰，如诗如画，气象万千，暮色苍茫里感悟人生长河奔腾的壮歌。

　　这里是拍摄日落、晚霞的最佳位置，秋冬季时落日正处于河道之中。山下的寺庙、曲流在夕阳的映衬下壮丽无比。

色彩盛宴

● 花湖

摄影指数 ★ ★ ★ ★ ★

 影友贴士

　　每年七月至八月是花湖最漂亮的时期，草原上的野花全开了，浅水中的水草在水中开出片片美丽的小花，花湖才是真正的花湖。随着延伸出去的原木栈道，花湖从芳草如茵的地平线上缓缓地升起来。日出日落的最佳拍摄位置在临水栈道的两端观景平台上。

　　拍摄水鸟的最佳位置在临水栈道中段那片入水口的沼泽地，这里面积不大，要注意安全，小心地面下陷。如果要在花湖拍摄国家一级保护动物黑颈鹤，需早晨和傍晚耐心守候。

丰茂，天鹅、白鹤、黑颈鹤成群结队，或舞姿翩翩，或翱翔于蓝天，欢快的百灵鸟在空中翻飞。身临其境，犹如进入梦幻的鸟类王国。壮观的花湖晨景更是妙不可言，湖水透彻的蓝，是无法形容的纯净，缱绻在水天之间的云彩，有着魔力般的妖艳。

　　花湖位于四川若尔盖和甘肃郎木寺之间的213国道旁，是热尔大坝草原上的一个天然海子。它是镶嵌在草原上的蓝宝石，湖岸边芦苇草

阿坝县

摄影指数 ★★★★

阿坝县是宗教文化旅游胜地，有著名的藏传佛教寺庙郎木寺和格尔登寺。境内丘顶平缓之汪山与谷地交汇，溪流纵横。有藏区极为著名的年宝叶则神山、圣湖

影友贴士

神座，一个美好的名字，一条美丽的河流将森林和草原分开，阿坝县查理乡的神座村就坐落在这条河流的西侧，背靠高山草场，与绵延不绝的原始森林隔河相望。附近的丛林里路边上，草丛会不时闪现火红色野鸡、活蹦乱跳的野兔，娇憨可爱的旱獭会从马路中央笨拙地横行，村前偶有马鹿三五成群。这里拍摄须在春、夏两季以及初秋时节。

神座有个'嘎巴拉麽'，神座的姑娘很美，古老藏区一直这样流传，到这里相信你会有深深的体会的。在神座拍摄当地的民居、风土人情是一大主题，当地人盛装出行时正是拍摄的好时机。

野生动物保护风景区，神秘的藏传佛教寺庙文化、安多藏区民俗风情带以及曼扎塘大草原黑颈鹤高原湿地生态保护区和柯河茸安高山峡谷生态风景区。

郎木寺

摄影指数 ★★★★★

影友贴士

郎木寺后有个幽静峡谷，当地人称供品山。一片巨大陡峭的红色砂砾岩岩壁，雄伟挺拔，颇有美国科罗拉多大峡谷的风貌，登上红石崖是一处拍摄郎木寺全景的绝好位置。

郎木寺佛学院辩经等宗教活动也是拍摄的好题材，这里的天葬仪式有参观、拍摄的机会，但都必须事先充分沟通，要征得同意才能进行。

郎木寺全名叫"德合仓郎木"，意即"虎穴中的仙女"，地处四川、甘肃交界地带。白水河从镇中流过，"安多达仓郎木寺"和"格尔底寺"就在这里隔河相望。喇嘛寺与清真寺各踞一方，晒大佛、做礼拜——人们用各自不同的方式传达着对信仰的执著。

草原上一般随遇而安地吃点藏餐是不容错过的，九曲黄河第一湾可以品尝到正宗黄河鱼。若尔盖可以吃手抓羊排，郎木寺的兰州拉面也不错，在郎木寺拍摄一般会在当地住宿，当地那家旅朋青年旅馆酒吧是一定要去看看的，在酒吧坐坐感受一下异域的风情。

红原嘉绒美食
Ⓐ地址：马尔康县崇列街
Ⓣ电话：0837-2825689

红原小马清真饭店
Ⓐ地址：马尔康县滨河路
Ⓣ电话：0837-2823202

若尔盖玛尔塘聚宝饭店
Ⓐ地址：若尔盖县麦溪路
Ⓣ电话：0837-2291135

红原花园小餐
Ⓐ地址：马尔康县达萨街
Ⓣ电话：0837-2828762

若尔盖一品香大酒店
Ⓐ地址：若尔盖县多玛北街
Ⓣ电话：0837-2291146

旅朋青年旅馆酒吧
Ⓐ地址：313省道郎木寺乡正街

客栈

唐克乡九曲客栈
Ⓐ地址：若尔盖县U13县道旁
Ⓣ电话：0837-2282077

你我一家客栈
Ⓐ地址：若尔盖县U13县道旁

嘎尔玛客栈
Ⓐ地址：若尔盖县U13县道旁

宾馆

红原县红原宾馆
Ⓐ地址：红原县邛溪镇文化巷8号
Ⓣ电话：0837-2662200

红原县唐古拉宾馆
Ⓐ地址：红原县瑞庆中路
Ⓣ电话：0837-2663588

唐克乡扎西拉杰宾馆
Ⓐ地址：若尔盖县U13县道
Ⓣ电话：0837-2291778

唐克乡玛岭央宗宾馆
Ⓐ地址：若尔盖县U13县道
Ⓣ电话：0837-2282209

若尔盖县香巴拉宾馆
Ⓐ地址：若尔盖县香巴拉北街
Ⓣ电话：0837-2291555

若尔盖县潘州宾馆
Ⓐ地址：若尔盖县麦溪路
Ⓣ电话：0837-2298392

郎木寺乡郎木寺宾馆
Ⓐ地址：甘肃省碌曲县郎木寺乡
Ⓣ电话：0941-6671020

商务酒店

若尔盖县若尔盖大酒店
Ⓐ地址：若尔盖县商业街
Ⓣ电话：0837-2291998

郎木乡郎木寺大酒店
Ⓐ地址：甘肃省碌曲县郎木寺乡
Ⓣ电话：0941-6671555

久治县年宝湖宾馆
Ⓐ地址：青海省果洛藏族自治州久治县长江路92号
Ⓣ电话：0975-8331380

阿坝年宝叶则大酒店
Ⓐ地址：阿坝县德唐路
Ⓣ电话：0837-2483456

阿坝喜马拉雅大酒店
Ⓐ地址：阿坝县浴唐街
Ⓣ电话：13882486691

便捷通讯

小金县旅游局：0837-2782346

马尔康旅游局：0837-2631322

理县旅游管理局：0837- 6824788

茂县旅游局：0837-7422187

Shanshui
山水秋色**Qiuse**

岷江河谷孕育了羯羌文化。叠溪海子、羌碉，羌绣，甚至就是那缕半山间袅袅的炊烟，都是民族风情刻画的极佳题材。

如果你躺在开满鲜花的草坡，看着眼前高耸的雪峰，峰顶正有旗云。不，你不是在法国，不是在阿尔卑斯山谷，这里是四姑娘山，当然你极有可能遇到来自法国的登山队。

"蜀中多仙山，九顶称一绝"，九顶山是古蜀人的神山，宏大磅礴。这里有河的源头、云的故乡、花的世界、林的海洋。

信息：四姑娘山景区门票、观光车票实行淡旺季价格（淡旺季时间为：淡季——每年12月1日至次年3月30日止，旺季——每年4月1日至11月30日止）

旺季价格：	双桥沟：80元/人	淡季价格：	双桥沟：50元/人
	长坪沟：70元/人		长坪沟：50元/人
	海子沟：60元/人		海子沟：40元/人
旺季车票：	双桥沟：80元/人	淡季车票：	双桥沟：60元/人
	长坪沟：20元/人		长坪沟：20元/人

毕棚沟门票：60元/人；九顶山门票：50元/人

线路交通

成都—80公里成灌、都汶高速—映秀—60公里—卧龙—98公里—四姑娘山—212公里—金川—90公里—马尔康—93公里—毕棚沟—37公里—理县—92公里—茂县九顶山—35公里—汶川—116公里—成都

映秀到卧龙沿途有多处工地，需小心驾驶。金川有小段路面很差，需小心驾驶。马尔康至理县，理县至汶川，由于施工大部分路况不好，下雨时行驶困难，预计水电站完工后可以得到改善。

色彩盛宴

聚焦景区

● 四姑娘山

摄影指数★★★★★

　　四姑娘山位于阿坝藏族羌族自治州小金县与汶川县交界处，距成都市240公里左右。四姑娘山由四座连绵不断的山峰组成，这四座山峰长年冰雪覆盖，如同头披白纱，姿容俊俏的四位少女，依次屹立在长坪沟和海子沟两道银河之上。四姑娘中以幺

妹身材苗条、体态婀娜，现在人们常说的"四姑娘"指的就是这座最高最美的雪峰，主峰海拔6250米，仅次于被誉为"蜀山之王"的贡嘎山，人称"蜀山皇后"、"东方圣山"。

影友贴士

四姑娘山全景（四座山峰）的最佳拍摄点在海子沟朝山坪，也可选择在卧龙至四姑娘山路上的"猫鼻梁"。根据不同的季节，早晚日出和日落的景色各异。秋、冬两季是拍日出金山的最好季节。日出时间冬季大约早上6:40～7:15;秋季大约早上6:30～7:00。春、夏两季，云雾较多，但遇上好天气更能拍出好片子，既有云雾缭绕，飘缈似仙境的感受；也有在碧空万里的晴日，拍摄日落金山的机缘。

三条沟内拍摄的点就更多，不同季节有不同的景象。在双桥沟的人参坪、盆景滩、四姑娘娜措、牛棚子几个景点拍摄时，影友一定得在周围走一圈，不同的机位可以拍摄到不同的景象。长坪沟里由于现有交通条件不太好，建议带上帐篷，力争在沟内住下，可拍到更多的东西。海子沟是四姑娘山景区高山湖泊最多的一条沟，可根据自身条件和爱好选择性地找两三个海子拍摄周围的群峰和倒影。

● 毕棚沟

毕棚沟原生态景区位于理县朴头梭罗沟境内，距成都221公里。毕棚沟的树是它的主旋律，树从沟口一直延伸到目光不能及的地方。飘摇的松萝淡淡地垂挂在树枝上，随风长满整个沟壑。人们送给这淡绿的生命一个长记忆的名字———老人须。人们都说它是四姑娘山的背影。四姑娘山美得出众，它的背影也别有一种风情。

色彩盛宴

影友贴士

　　毕棚沟有雪山、湖泊、森林等非常适合作婚纱摄影的风光背景，而且具备车辆直接进入核心景区的独特优势。这里，春有野花盛开、夏有幽爽森林、秋有漫山红叶、冬有浪漫冰雪。

摄影指数 ★ ★ ★ ★

● 九顶山

影友贴士

　　九顶山就像是一座云雾山，那雾或淡如轻烟，或浓似纱帐；时而在山腰缠绕，时而在水面游荡；它总是不期而至，转眼又烟消云散。主要景观有九顶雪峰、杜鹃花海、红枫秋叶、高山草甸、十二神潭、佛光日晕、日出云海等。九顶山看花非常棒，五六月的万亩高山杜鹃、七八月的高山草甸野花，美极了！不过要看到美景还是要付出一些代价，那就是徒步七八个小时，极具挑战！不过到了山顶你会觉得辛苦付出都是完全值得的。

　　九顶山位于四川茂县，距成都约200公里。这里地处四川盆地向西北高原的过渡带，山势巍峨，云蒸霞蔚；高山上的草甸，绿草如茵，野花烂漫。九顶山以九峰十八景闻名，其集奇、险、峻于一体，九顶山的风景囊括了"从盆地到高原的风景"，每当清晨日出峰顶，霞光灿烂，白云飘绕，蔚为奇观。

色彩盛宴

当地吃的不少，在日隆镇可以品尝一下野味和菌汤，其他基本都是川菜馆、火锅店、清真馆子。

理县老马火锅店
Ⓐ地址：理县北山路
Ⓣ电话：0837-6823593

理县天桥酒家
Ⓐ地址：理县西大街3号
Ⓣ电话：0837-6824528

理县金三角家常菜
Ⓐ地址：理县新环路
Ⓣ电话：0837-6825258

日隆镇红油豆花饭庄
Ⓐ地址：小金县303省道
Ⓣ电话：0837-2791961

日隆镇绿叶饭庄
Ⓐ地址：小金县303省道
Ⓣ电话：0837-2791771

汶川县羌王大厨房
Ⓐ地址：汶川县东街
Ⓣ电话：0837-6222031

汶川县淘砂锅
Ⓐ地址：汶川县东街
Ⓣ电话：0837-6228960

汶川县思茗斋
Ⓐ地址：汶川县东街
Ⓣ电话：0837-6222225

茂县家常味餐馆
Ⓐ地址：茂县213国道
　　　小小超市旁边
Ⓣ电话：0837-8874033

茂县文家饭店
Ⓐ地址：茂县步行街
Ⓣ电话：0837-7425685

茂县大时代饮食娱乐城
Ⓐ地址：茂县羌兴大道
Ⓣ电话：0837-7429198

客栈

乡村客栈
Ⓐ地址：小金县303省道旁

宾馆

日隆镇四姑娘宾馆
Ⓐ地址：小金县303省道
Ⓣ电话：0837-2791555

日隆镇新四姑娘山庄
Ⓐ地址：小金县日隆镇
Ⓣ电话：0837-2796886

日隆镇金昆
Ⓐ地址：小金县日隆镇长坪村长坪沟口
Ⓣ电话：0837-2791088

理县古尔沟温泉山庄
Ⓐ地址：理县古尔沟镇
Ⓣ电话：0837-6838888

理县神峰温泉宾馆
Ⓐ地址：理县317国道古尔沟镇
Ⓣ电话：0837-8838019

茂县宾馆
Ⓐ地址：茂县凤仪镇文化街106号
Ⓣ电话：0837-7422699

茂县国际饭店
Ⓐ地址：茂县凤仪镇甘清村
Ⓣ电话：0837-7427777

商务酒店

日隆镇嘉绒大酒店
Ⓐ地址：小金县303省道
Ⓣ电话：0837-2792886

日隆镇圣山大酒店
Ⓐ地址：小金县303省道樟木寨
Ⓣ电话：0837-2791969

茂县贵宾楼酒店
Ⓐ地址：茂县凤仪镇西羌大道
Ⓣ电话：0837-7426333

茂县九顶山国际大酒店
Ⓐ地址：茂县凤仪镇大桥头西部
Ⓣ电话：0837-7410136

Youcai
油彩之旅 Zhilü

到三奥雪山是摄友专业度的另一把标尺。雪山黑水之间，是色彩的交响音乐厅，是生命的尽情宣泄。在你的取景框里，是乱花迷眼，还是勾画出你独有的色彩旋律？

千万种色彩都要歌唱，你会是摄影界的凡·高吗？

信息：卡龙沟景区门票：旺季60元、淡季40元。色尔古藏寨门票30元，三奥雪山和奶子沟暂不收门票。

线路交通

成都—116公里九环公路—汶川—57公里317国道—理县—186公里省道209转302—黑水—26公里景区公路—达古冰川—46公里景区公路—三奥雪山（奥太基）—56公里景区公路—奶子沟彩林谷—96公里省道302—色尔古藏寨—41公里省道302—茂县—96公里九环线—都江堰—55公里成灌高速—成都

成都到映秀是高速路，映秀经汶川到理县路况一般，沿途有多处工地，需小心驾驶。理县到黑水路况一般，道路正在拓宽，可以通行。黑水到茂县路面很好，为新修线路。茂县到汶川路面不错，汶川到都江堰再到成都大部分为高速。

聚焦景区

● 达古冰川　　　　　摄影指数 ★★★★

达古冰川位于黑水县芦花镇三达古村境内的达古雪山上，海拔3800～5100米，离县城30余公里，景区面积达119平方公里。达古雪山山顶终年积雪，气势磅礴，山峰错落有致，在阳光的照射下银光灿灿，十分壮观。其中最为壮观的三截冰川，即1、2、3号冰川，面积约8.25平方公里，形成寿命已达亿年，是整个景区的灵魂所在。

● 三奥雪山

　　三奥雪山位于阿坝藏族羌族自治州的黑水县境内，距黑水县芦花镇16公里。三奥雪山在当地被称为神山，由三座独立的雪山组成，它们皆为金字塔形山峰，成"品"字形并列相连。主峰奥太基（藏语意为群山之父）海拔5286米，奥太美（群山之母）海拔5257米，奥太娜（群山之子）海拔5200米。"三奥"之名由此而来，也称奥太雪山。

影友贴士

　　三奥雪山，因其地势险峻、山型多变、美丽壮观，是登山探险，徒步穿越等运动的好地方。也是观雪山奇峰、风情摄影、藏文化体验的好去处。奥太基、奥太美、姊妹山、拇指峰、九华山等奥太群山的姿容是淬炼雪峰摄影技艺的理想基地。特别需要注意的是，群山中的奥太美冰川在阳光下的不同光影变化，将挑战你的摄影技术。

色彩盛宴

● 奶子沟

影友贴士

奶子沟号称"被打翻的颜料盒""色彩的立体画廊"。奶子沟彩林的树种主要由桦树、松树、柏树、枫树等各种乔木组成，不同色彩的针叶林、阔叶林、次生林、灌木丛高低错落，在不同的山坡弧线上展开，是对画面构图的极大挑战。

"奶子沟"在藏语中是美丽富饶、幸福安宁之意。奶子沟40公里彩林风情谷以彩林世界而闻名。进入彩林世界你会感觉进了油彩的世界，感叹大自然色彩的无穷变化。

色彩盛宴

摄影指数 ★ ★ ★

● 色尔古藏寨

色尔古藏寨位于黑水县东大门，海拔1790米，属于干热河谷，气候湿润，物产丰富，有"小江南"的说法。色尔古在藏语意为"盛产黄金的地方"。色尔古藏寨是一个典型的藏羌民族文化交融相汇的地方，它依山势，傍猛河而建，是一座原始古朴而又神秘的藏寨村落，有人称之为"东方的古堡"，还有人说它是"川西北的小布达拉宫"。

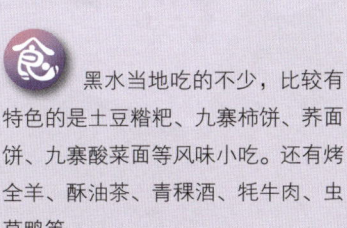

黑水当地吃的不少，比较有特色的是土豆糌粑、九寨柿饼、荞面饼、九寨酸菜面等风味小吃。还有烤全羊、酥油茶、青稞酒、牦牛肉、虫草鸭等。

黑水县王三妹家常饭店
Ⓐ地址：黑水县302省道
Ⓣ电话：0837-8825669

黑水县藏风酒店
Ⓐ地址：黑水县南街附近
Ⓣ电话：0837-8821777

黑水县金璧辉煌
Ⓐ地址：黑水县302省道
Ⓣ电话：0837-6722222

黑水县可口糕点
Ⓐ地址：黑水县302省道农业银行旁
Ⓣ电话：0837-6721047

影友贴士

色尔古的藏族同胞据说是"能走路就能跳舞，能说话就能唱歌"。当地舞蹈规模宏大、形式多样、风格各异，尤以锅庄舞为主流。在这里以拍摄当地藏式建筑和歌舞人文题材为主。

客栈

黑水县大自然山庄
Ⓐ地址：黑水县302省道
Ⓣ电话：0837-6723777

黑水县黑水宾馆
Ⓐ地址：黑水县政府大院内
Ⓣ电话：0837-6722421

黑水县冰川大酒店
Ⓐ地址：黑水县中心
Ⓣ电话：0837-6723461

神山

圣湖

*F*engguang
风光大道
*D*a
*d*ao

镜头聚焦

神山 *Shengshan* / 圣湖 *Shenghu*

光影 *Guangying* / 康巴 *Kangba* / 寺庙 *Simiao*

康巴

光影

寺庙

风光大道
Fengguang Dadao
导游图 >>>

即木寺

荒湖县区

83.9

芳尔盖

黄河九曲第一湾

唐克

57.2

45.8

沟口

48.9

九寨沟

奇宝玉则

毛坊

麦洼

101

九寨沟景区

55.66

89.7

乙几

104

众里台

黄龙景区

阿坝

106

148

139

金澄寺

红原

川主寺

宁宝顶

青川

毛儿盖

116

松潘

51

94.3

96.1

龙日坝

61.5

102

剑阁

打尕森川景区

86.6

镇江关

平武

50.2

73.1

38

黑水

74

38.1

120

且尔康

37.3

刷且路口

24

北川

29

73.7

69

28.3

茂县

95.2

105

42.2

九顶山景区

59.7

绵阳

金川

55.9

理县

九顶山景区

四姑娘山景区

汶川

66.6

小金

都江堰

63.6

120

丹巴

日隆镇

成都市

旅游景区
省会城市
省辖市
县级市、县
世界遗产
高速公路
国道、省道、景区公路

摄游线路精选

● 山川之美

　　摄影家必到新都桥，在丹巴特写丹巴美女天籁般的笑容。

　　成都—雅安—康定—新都桥—塔公—丹巴—小金—宝兴—雅安—成都

● 朝拜贡嘎

　　蜀山之王威仪天下，你能捕捉到他的柔情吗？

　　成都—雅安—摩西—雅佳梗—康定—新都桥—甲根坝—康定—雅安—成都

● 圣洁香巴拉

　　在秘境稻城亚丁，你将与诸山神直接对话。

　　成都—康定—新都桥—雅江—理塘—稻城—亚丁—理塘—雅江—新都桥—康定—雅安—成都

● 格萨尔故乡

　　云朵、风声，甚至树叶，都是光的诗章，每篇皆不同。

　　成都—康定—新都桥—理塘—毛哑草原—措普沟—理塘—新都桥—成都

● 太阳部落

　　马尼干戈小镇，太阳和火为图腾的原始游牧部落文化遗存。

　　成都—理塘—甘孜—德格—石渠—炉霍—色达—道孚—新都桥—康定—成都

便捷通讯

泸定县旅游局0836-3121929
康定县旅游局0836-2822928
丹巴县文化旅游局0836-3522902
小金县旅游局0837-2782346
康定情歌风景区管委会0836-2828218

Kangding Qingge
康定情歌 Shanchuan Zhimei
山川之美

日夜流淌的大渡河两岸，跑马溜溜的山。夹金山、四姑娘山让你豪气万丈，新都桥、丹巴美女却能勾起你一腔柔情。

信息：塔公寺门票10元/人，木格措风景区135元/人

线路交通

成都—113公里成雅高速—雅安—210公里国道318—康定—83公里国道318—新都桥—33公里省道215—塔公—112公里省道215—八美—省道303丹巴—62公里省道303—小金—66公里省道303—日隆镇—110公里省道210—宝兴78公里省道210转国道318—雅安—成都

新都桥至塔公路面很好，塔公至八美的疙瘩梁子正在施工，预计两年完工。八美至东谷路段很好，八美至丹巴有少量路段受地质影响塌陷，需小心通过。其他路段路面良好。丹巴至日隆镇可以通行。日隆镇经宝兴至天全路面正在维护，可以通行。

聚焦景区

● 木格措　　　　　　摄影指数 ★★★★

木格措风景区位于康定县城北雅拉乡境内，距康定县城26公里，景区面积500平方公里。景区由七色海、杜鹃峡、木格措海、红海、无名峰等一系列景点组成。高原湖泊、原始森林、温泉、雪峰、奇山异石及长达8公里的叠瀑组合，构成了丰富独特的视觉之旅。

　　木格措一日四景，早晚不同天，一年四季均可拍摄。清晨，雾锁海子水面，银龙般的云雾在水面翻卷，出现"双雾坠海"的动人景观。朝阳射向海面时，波光粼粼，湖光倒影千变万化，令人眼花缭乱。午后微风拂面时，海面上"无风三尺浪，翻卷千堆雪"，站在海滨沙滩上，遥望雾霭烟笼的远方，犹如来到了天涯海角。夕阳西下，余晖洒满海面，流金溢彩，水天一色，群山沉寂，碧海静谧。芳草坪、七色海、杜鹃峡、药池沸泉、木格措（野人海）和红海、黑海等景点是不能错过的主要拍摄点。

摄影指数 ★ ★ ★ ★ ★

● 新都桥

　　新都桥是摄影天堂，处在川藏线南北分岔路口，距康定城80公里，是一片如诗如画的世外桃源。神奇的光线，无垠的草原，弯弯的小溪，金黄的柏杨，山峦连绵起伏，藏寨散落其间，牛羊安静地吃草……川西高原风光美丽地绽放。

风光大道

风光大道

影友贴士

　　新都桥号称光影世界，名不虚传，每到秋季更是迷人。道路、树林、村庄、山坡、水溪无一不是极致之景。春秋两季最为美丽，阳光在充满水气的空气中形成一条条光柱，十分迷人。下折多山不远处有观景台可以拍摄贡嘎山及新都桥镇全景，穿过新都桥镇往塔公方向前行的十几公里河滩景色也是必拍的地点。

● 塔公

　　塔公在藏语中是"菩萨喜欢的地方"，距康定县城110公里，这里集草原、雪山、寺庙塔林等自然和人文景观为一体。夏秋之季，塔公草原上种类繁多的野花竞相绽放，绚丽多彩。在塔公寺后面，坐落着三座丘草山，山上散布着众多旗

影友贴士

　　塔公草原拍摄一般以木雅金殿以及塔公寺为主拍对象，最佳拍摄季节为春秋两季的光影色彩。最佳拍摄位置是在三座神山上俯拍整个塔公草原。

阵，这些由嘛尼经幡组成的三角形或四方形旗阵，在风中猎猎飘动，气势浩大，更平添了山寺神秘悠远的韵味，这三座山就是被称为藏传佛教密宗事部三怙主的三座神山。

每年藏历的六月六日至十七日护法盛会期间，寺庙都会举行"羌姆"（神舞）活动，往往会吸引络绎不绝的香客和观光者。

● 雅拉雪山

摄影指数 ★ ★ ★ ★

雅拉雪山位于四川甘孜州康定、道孚和丹巴交界处。在藏族古老的传说中：远古时期雪域有九座神山，被合称为"世界形成之九神山"。即雅拉香波神山、念青唐古拉神山、库

拉日杰神山、诺吉卡瓦桑布神山、阿尼玛卿神山、咬卿顿日神山、岗巴拉杰

神山、雷拉居保神山、觉沃月甲神山，由这九座神山组成了宇宙世界，山神则被认为是开天辟地的九大造化神。这九座神山又以前4座为首。

东方卫藏地方的雅拉香波神山，即是雅拉神山，其山神又称斯巴大神雅拉香波，神山所在地是吐蕃最古老的雅隆部落繁衍之地，故被奉为最大神山。他常以白牦牛的身形显现，躯体白如海螺，嘴里不断喷出雪暴，是一个

影友贴士

拍摄雅拉雪山一般都在塔公方向拍摄，一年四季景色各异，在往康定机场路上也可以拍摄雅拉的侧面，在往八美的路上可拍摄雅拉的背面，但是雅拉最漂亮的一面还是正对塔公方向这个方位。

化身兽形的神灵，并被尊为四大山神之首。藏传古籍《神山志易入解脱之道》中有对该山的记载，称其为"第二香巴拉"。

八美

摄影指数 ★★★★

八美镇（原为乾宁县）位于甘孜州道孚县境内，距康定县城147公里，平均海拔3500米左右，风光以高原草原风光为主。如果把新都桥称为"摄影者的天堂"的话，那八美的风光有

过之而无不及。八美的土石林景观，位于317国道36道班附近，沿雅砻江支流庆大河上游东岸分布，面积约3平方公里。八美土石林坐落在川西高原，宽广的草甸、起伏的雪山、迷人的藏寨和土石林相互映衬，壮丽雄浑。

影友贴士

去八美草原拍摄的最好时间是每年的七、八月份，这时的草原，绿草茵茵，野花似海，雄鹰翱翔，牛羊成群，牧民们或忙着放牧，或忙着收拾，草原上一片繁荣景象。最美的风景是在一处叫疙瘩梁子的地方，在山梁上遥望钦宁坝子，草原、坝上积雪、山谷村居、牦牛马匹，组成了极其壮阔的漫天画卷。

风光大道

● 丹巴

　　丹巴县位于甘孜藏族自治州东部，与阿坝藏族自治州小金县接壤，距小金县55公里，是川西高山峡谷的一部分，大渡河自北向南纵贯全境，切割高山，立体地貌显著，境内峰峦叠嶂、峡谷幽深。丹巴素有"千碉之国"、"美人谷"之称，是嘉绒文化的发祥地之一，民族文化历史悠久。这里有国内独有、世界罕见的古碉群，也有具有浓烈民族风格的嘉绒藏族民居，更有新石器时代古石棺群。丹巴县的嘉绒藏族风情主要体现在：不同旋律、不同

去丹巴拍摄，碉楼是很重要的主题。在春秋两季，碉楼在春天的梨花、秋天的红叶映衬下呈现非常美的意境，其中梭坡、中路、蒲角顶三处是主要拍摄地点（中路最漂亮、梭坡面积最大最壮观）。拍碉楼一般认为是早晚时分取远景拍摄为佳。其次是河谷风貌，丹巴的河谷景色主要集中在东谷、党岭，其中党岭景色特别醉人，一年四季可拍。东谷红石滩、美人谷、牦牛谷等也是拍摄的主要地点。红石滩附近的顶果山上，有一座千年苯教寺庙———拥忠彭错铃，在寺庙旁有108座古佛塔，且均系石块堆砌而成，也是拍摄宗教文化题材的好地方。

情调、不同寓意的锅庄，嘉绒藏戏，嘉绒藏族多姿多彩的服饰，精彩的弓箭舞及赛马等传统文体活动，有顶毪衫和抢头帕等颇为独特的丹巴嘉绒藏族婚恋习俗，还有特色浓厚的传统婚礼和丧葬习俗。

风光大道

食 丹巴人特别喜食酸菜，有"三天不吃酸，走路打偏偏"之说。酸菜汤、炒酸菜、拌酸菜、酸菜面皮、酸菜包子只有在当地能够吃到。丹巴县城的餐馆里能吃到一种当地的鱼——石巴子，肉嫩味鲜，清炖、红烧均可。

水井巴蜀火锅大酒楼
Ⓐ地址：康定县东大街
Ⓣ电话：0836-6690888

旺望饭店
Ⓐ地址：道孚县303省道八美镇
Ⓣ电话：0836-7155221

康定卡拉卡尔饭店
Ⓐ地址：康定县沿河东路5号
Ⓣ电话：0836-2828888

康定康博饭店
Ⓐ地址：康定县新市前街
Ⓣ电话：0836-2825254

泸定三苏饭店
Ⓐ地址：泸定县开湘路54号
Ⓣ电话：0836-3121899

宿 客栈

丹巴县登巴客栈
Ⓐ地址：丹巴县三岔河南路
Ⓣ电话：0836-3521528

丹巴县兴盛客栈
Ⓐ地址：丹巴县团结街
Ⓣ电话：0836-3523596

丹巴县康藏客栈
Ⓐ地址：丹巴县三岔河南路59号
Ⓣ电话：0836-3521687

塔公唐蕃客栈
Ⓐ地址：康定县215省道塔公信用社旁

塔公茶马古道客栈
Ⓐ地址：康定县215省道塔公信用社对面

新都桥木雅客栈
Ⓐ地址：康定县318国道新都桥镇

新都桥天堂客栈
Ⓐ地址：康定县318国道新都桥镇

新都桥木雅背包客栈
Ⓐ地址：康定县318国道新都桥镇
Ⓣ电话：0131-58408689

泸定营盘农家乐
Ⓐ地址：泸定县遵义路
Ⓣ电话：0836-3122959

宾馆饭店

康定情歌大酒店
Ⓐ地址：康定县东大街156号
Ⓣ电话：0836-2813333

康定拉姆则林卡酒店
Ⓐ地址：康定县东关新城
Ⓣ电话：0836-2816239

塔公宾馆
Ⓐ地址：康定县215省道塔公乡
Ⓣ电话：0836-2866007

塔公草原大酒店
Ⓐ地址：康定县215省道塔公乡
Ⓣ电话：0836-2867888

八美四方缘大酒店
Ⓐ地址：道孚县303省道八美镇

泸定雅古都大酒店
Ⓐ地址：泸定县成武路131号
Ⓣ电话：0836-3126288

便捷通讯

海螺沟景区管委会: 0836—3266203

四川省九龙县旅游局, 0836-3323577

九龙县伍须海景区电话: 0836-3322477

Chaobai
朝拜贡嘎 Gongga

　　康定往南，在45座海拔6000米以上山峰臣拥下，贡嘎神山威仪天下，仪态万千。贡嘎主峰东、西、北坡环线是一条荡涤心灵的朝拜之路，更是摄影玩家的朝圣之旅。

　　信息：雅佳梗门票+车票+保险167元/人；玉龙西门票10元/人；海螺沟门票70元/人，另需要购买约70元的观光车费，坐索道的往返费用约为160元/人。九龙县伍须海景区门票80元／人

线路交通

　　成都—113公里国道318—雅安—175公里国道318—泸定—69公里省道211—磨西镇—84公里县道—雅佳梗—30公里县道—康定—83公里国道318—新都桥—76公里省道215—甲根坝—147公里省道215转县道—九龙五须海

　　成都到泸定，泸定到雅佳梗道路情况良好。康定甲根坝至沙德的路况很差，普通车辆行驶比较困难，建议乘坐四驱越野车前往。

聚焦景区

摄影指数 ★ ★ ★ ★

● 贡嘎山景区

贡嘎山景区位于甘孜藏族自治州的泸定、康定、九龙三县境内，以贡嘎山为中心，由海螺沟、五须海、雅佳梗、甲根坝、玉龙西、贡嘎南、西坡、贡嘎寺等景区组成，面积约1万平方公里，为国家级风景名胜区。

甲根坝

甲根坝是一个乡的名称，距离新都桥不远，在新都桥到九龙县的公路上。甲根坝又称木雅，这是一个古老的名称。无论是在吐蕃历史中，还是在《格萨尔史诗》中，它都占据着十分重要的地位。

影友贴士

去甲根坝领略神秘木雅风情，狂野玉龙西感受碧波涟漪，翻越雅哈、子梅垭口让自己被贡嘎神韵征服。这一路主要是拍摄贡嘎的落日、夜晚星轨以及沿途村寨的光影世界。

风光大道

091

● 海螺沟

摄影指数★★★★

海螺沟位于四川省甘孜藏族自治州东南部，是亚洲最东低海拔现代冰川发现地。贡嘎雪峰东坡脚下，有巨大的冰洞、险峻的冰桥，使人如入神话中的水晶宫。

● 雅佳梗

摄影指数 ★★★★

雅佳梗位于贡嘎山东坡的北部，雅家梗河上游。自唐宋以来就是内地通往藏区的一条重要通道，是历史上著名的"唐蕃古道"，又称"营盘古道"，也是"茶马古道"的一部分。雅家梗是一条景点丰富、生态多样化且连接海螺沟和跑马山的风景走廊，残留着马帮结铃走过的历史印迹。另外，还有壮观的红石滩、古老的原始森林、雄伟的雪山、高山草甸、高山湖泊、冰川和绚丽的杜鹃林。

影友贴士

珠珠海是雅佳梗景区中可以探寻的第一个海子，从雅家梗保护站附近的河滩出发步行大约需用1小时。在湖边，远眺贡嘎山系的巍峨雪山，环湖美景一览无余。沿着山脊行走大概2小时，到达海拔4000米的"大海子"。大海子紧贴雪山脚，一湾碧绿在刚毅的群山之中显得尤其温婉。往磨西方向走，还能看到高山草甸、瀑布、红石滩等等景致。这段路程的拍摄，特别要注意云雾的效果，最好等待那些云雾升腾到合适的位置再拍摄，当然这就需要多预留一些时间。

影友贴士

在海螺沟拍冰川，拍贡嘎主峰日照金山，体验的是银装素裹的美丽南国，主要选择在春夏秋三个季节。在景区里游览时要利用好坐缆车那段时机，从高空拍摄壮观的群山和云海。

● 九龙五须海

伍须海景区位于四川甘孜藏族自治州九龙县境内，景区面积400平方公里，年平均气温4.9℃，海拔1440米，最高海拔6010米。景内已开发的景点有40余处。这里有群峰、海子、原始森林、峡谷石林、草原、草甸、野生动植物等自然风光，浓郁的木雅藏族民俗和藏传佛教文化古迹等。主要景点有雪山峰、佛爷峰、老人峰、十二姊妹峰、镇海石、牛鼻孔、猎人洞、伍须现代冰川、天生桥、七色海、伍须仙海、伍须天池、伍须温泉、伍须石林等。

 影友贴士

　　伍须海，藏语意为"辉煌灿烂的湖泊"。到这里拍摄湖景是最重要的目的，夏秋之际一早一晚最为适合拍摄。伍须海的南北耸立着两座梳子形的山峰，巍峨壮观的是浪古则雪山，婀娜多姿的是十二姊妹峰。这两座雪山也是重要的拍摄点，日出日落时分特别适合拍摄。伍须海同时又是香格里拉核心区里的重要景区，是美国著名探险家J.F.洛克当年寻找香格里拉的惊喜发现和长驻之地，在这里用相机去追寻那些逝去的记忆也是一个拍摄的方式。

海螺沟贡嘎山酒家
Ⓐ地址：甘孜藏族自治州泸定县磨西镇
Ⓣ电话：0836-3266558

海螺沟九大碗
Ⓐ地址：甘孜藏族自治州泸定县磨西镇

鑫康珠酒店
Ⓐ地址：甘孜藏族自治州康定县新都桥镇
Ⓣ电话：0836-2867581

百家乐饭店
Ⓐ地址：甘孜藏族自治州康定县新都桥镇
Ⓣ电话：0836-2866628

洛克小屋旅游餐厅
Ⓐ地址：甘孜藏族自治州康定县新都桥镇

沙德饭店
Ⓐ地址：甘孜藏族自治州康定县215省道沙德乡政府旁

金龙饭店

Ⓐ地址：甘孜藏族自治州康定县215省
　　道沙德乡政府旁

沙九鱼庄

Ⓐ地址：甘孜藏族自治州康定县215省
　　道沙德乡政府旁

醉仙阁老字号中餐馆

Ⓐ地址：甘孜藏族自治州九龙县

Ⓣ电话：0836-3323111

味千拉面馆

Ⓐ地址：甘孜藏族自治州九龙县215省
　　道农行旁边

Ⓣ电话：0836-3323661

宿　　磨西古镇可住登巴客栈，在海螺沟可以住哈姆青年旅舍、海螺沟木房子客栈，在甲根坝最好在沙德住宿，这里有几家大型的旅社，也有加油站，可以入住沙德金龙招待所。

客栈

磨西古镇登巴客栈

Ⓣ电话：0836-3267707　13548405930

海螺沟哈姆青年旅舍

Ⓣ电话：15281572918

海螺沟木房子客栈

Ⓣ电话：13568288533　0836-3266916

沙德金龙招待所

Ⓣ电话：0836-2866157　18990484657

新都桥雅克驿栈

Ⓐ地址：康定县瓦泽乡

Ⓣ电话：015082306724

贡嘎山观景台藏家乐

Ⓐ地址：康定县瓦泽乡

Ⓣ电话：0836-2866983

雪域情藏家庄

Ⓐ地址：康定县瓦泽乡

Ⓣ电话：0836-2866775

宾馆饭店

海螺沟贡嘎山酒家

Ⓐ地址：甘孜藏族自治州泸定县磨西镇

Ⓣ电话：0836-3266558

海螺沟贡嘎宾馆

Ⓐ地址：甘孜州泸定县磨西镇

Ⓣ电话：0836-3266688

嘎尔宾馆

Ⓐ地址：甘孜藏族自治州九龙县215省
　　道农行旁边

Ⓣ电话：0836-3323861

酒店

海螺沟长征大酒店

Ⓐ地址：甘孜州泸定县磨西镇

Ⓣ电话：0836-3266608

龙海大酒店

Ⓐ地址：甘孜藏族自治州九龙县215省
　　道团结上街街心花园处

Ⓣ电话：0836-3321222

鑫龙酒店

Ⓐ地址：甘孜藏族自治州九龙县215省
　　道农行对面

Ⓣ电话：0836-3323333

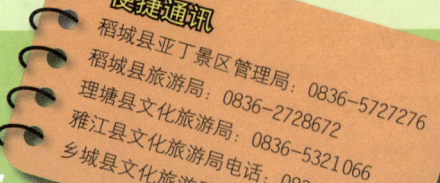

便捷通讯

稻城县亚丁景区管理局：0836-5727276
稻城县旅游局：0836-2728672
理塘县文化旅游局：0836-5321066
雅江县文化旅游局电话：0836-5123996
乡城县文化旅游局电话：0836-5826937

Shengjie
圣洁香巴拉Xiangbala

香巴拉，神仙居住的地方。连绵的雪峰，无际的高山草甸，夕阳下的羊群，牦牛帐篷升起的炊烟，沉默的黑森林…你已经进入让人颤栗的秘境，你将完成审美理想的最后救赎。

信息：亚丁景区门票150元/人，售票处至景区大门有几十公里，景区大巴60元/人，也可自己开车进入，景区大门至冲古寺步行2小时路程，租马20元/匹。冲古寺至牛场电瓶观光车80元/人往返，单程50元/人，牛场租马往返牛奶海300元/匹。

线路交通

成都-383公里国道318-康定-83公里国道318-新都桥-68公里国道318-雅江-147公里国道318-理塘-148公里省道217转216-稻城-110公里省道216-亚丁-稻城-112公里省道216转217-乡城

318国道天全路段路面较窄易堵车，泸定至康定路段改造后路况不错。康定到新都桥全是新铺设的道路，相当好走。新都桥至理塘路面较差，特别是雅江县城前后正在施工，预期2012年完工，现在路况很差，平均时速低于20公里，部分路段下暴雨或降雪时轿车难以通行。理塘至稻城段路况不错。稻城至亚丁路况一般，时速可以达到40公里，出城不远有10公里路段正在维修，为碎石路段。稻城至乡城路段路况不错可以放心行驶。

聚焦景区

摄影指数 ★★★★

● 高尔寺山

过新都桥向雅江方向行驶不久即开始翻越海拔4412米的高尔寺山，前

风光大道

段路公路两边植被丰富，树木成荫，过半山腰后看山顶则被高山草甸所覆盖。高尔寺山山顶为康定与雅江两县的天然屏障，垭口可以看见雅拉雪山和贡嘎雪山主峰。

影友贴士

　　高尔寺山垭口和要下山的大转弯处，是拍摄雅拉神山群峰以及贡嘎主峰的一个极佳的位置，这两处拍摄点相距不到2公里，需要仔细观察以免错过。这两个位置很适合夏秋时节的一早一晚拍摄，主要拍摄是云海雪峰和日照金山。

● 稻城　

　　稻城，古名"稻坝"，藏语意为"山谷沟口开阔之地"。一条悠长奇绝的山路，穿越尘嚣，向天空延伸；一队队无比虔诚的朝拜者，不辞辛劳，艰难跋涉，只为双脚踏上这块圣洁之地，奉献身心地为之叩首。鲜花和绿草辉映的草场，潺潺流淌的小溪，五光十色的海子古朴幽深，神峰戴冰雪冠冕，披白云哈达，卓然挺立，一尘不染，惊世骇俗的神韵让你不由得匍匐跪拜，将胸膛与大地贴近……

影友贴士

　　著名的桑堆红草地离稻城县城很近，红草堆就在桑堆镇的公路边很容易错过。红草地只有中午到傍晚时分可以被阳光照射到，而且只有每年的秋天有15天左右的观赏期。冰川遗迹——海子山沿途的大小海子也都很适合拍摄。稻城往亚丁方向出城不远的色拉乡青木林和附近的村寨是一个媲美新都桥的光影世界，春、夏、秋季均可拍摄，尤以秋天最为漂亮。

● 亚丁　　　　　　　　　　　　摄影指数 ★★★★★

　　传说在青藏高原雪山深处的一个隐秘地方，有一个被双层雪山环抱的王国，那里有雪山、冰川、峡谷、森林、草甸、湖泊、金矿及纯净的空气，这个王国就是香巴拉王国。在藏传佛教中，像"香巴拉王国"这样美丽、明朗、宁静、和谐

的"净土"也被称为"香格里拉"。稻城亚丁风景区位于四川甘孜藏族自治州南部，地处著名的青藏高原东部，横断山脉中段，东南与凉山州木里县接壤，西邻乡城县并与云南省中甸县毗邻，北连理塘县，面积7323平方公里。其县城海拔为3750米，境内最高海拔达6032米；属高原季风气候，绝大多数时间天气晴朗，阳光明媚，自然风光优美，尤以古冰体遗迹"稻城古冰帽"著称于世。在稻城亚丁极目远跳，天地浩瀚无垠，乱石铺天盖地，撼人心魄，1145个高山湖泊散落于嶙峋乱石间，碧蓝如玉，景色极为壮观，因而被誉为最后的香巴拉。

影友贴士

　　亚丁景区主要以三座神山及山下的几个海子组成，"仙乃日峰"离景区大门最近，路程也最短，此山适合远摄，或以山脚下珍珠海为前景拍摄，山下海子很少无风，水面极不易形成清晰的倒影。"夏洛多吉峰"和"央迈勇"离得很近，因时间原因必须坐景区电瓶车进入，以方便往返。到达牛场后再骑马到牛奶海、五色海拍摄央迈勇。拍摄三座神山应配置广角镜头和偏振镜以及遮阳罩。在冲古寺有观景台可拍摄星轨下的雪山寺庙，可同时拍到夜色下的仙乃日和夏洛多吉以及山下的寺庙。

风光大道

摄影指数★★★★★

乡城

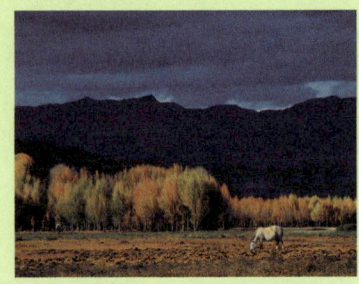

乡城县位于四川省西部青藏高原东南缘，地处四川省甘孜藏族自治州西南边陲，横断山脉中北段。乡城，藏语意为串珠（佛珠）之地，县境跨硕曲河与定曲河之间，两岸河原如串，其富饶有如珍珠串。汉属白狼国，唐属吐蕃。县内有藏传佛教派中除黑教以外的红、

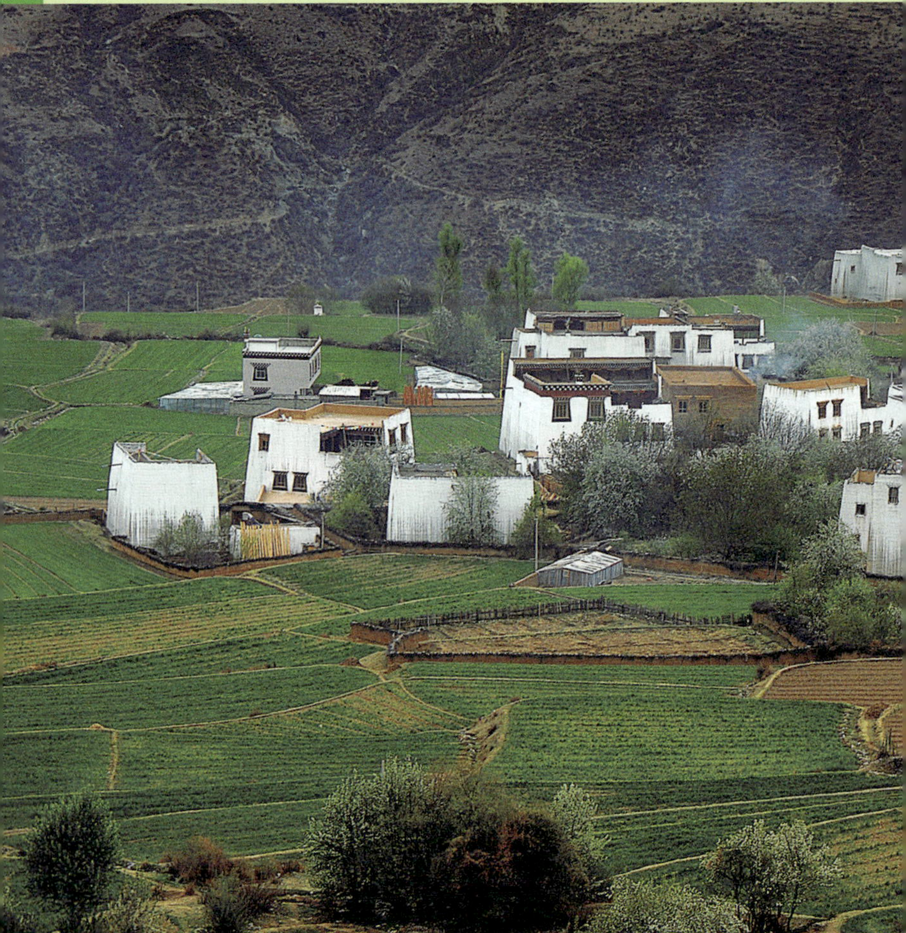

黄、花、白四大教派寺庙27座。东藏最大的黄教寺庙之一桑披岭寺，独具一格的白色藏房，以及融合了藏、汉、纳西三大民族风格，在整个藏区独树一帜的乡城奇异的女式藏装－"疯装"，被称为"乡城三绝"。乡城的标志——巴姆神山也是让游人流连忘返的所在，巴姆七湖、扫布尤、马熊沟大峡谷、然乌乡温泉闻名遐迩。

影友贴士

乡城的白色房屋和碉楼是这个地区一种融合了藏、汉、纳西三大民族风格的独有建筑形式，很值得一拍。桑披岭寺规模很大，建筑结构多样，也是很值得一拍的地方。每年夏天，乡城还要举行盛大的巴姆神山节。那个时期是拍摄巴姆神山、巴姆七湖的最佳时机。

扫布尤景区从海拔2000米的沟谷到海拔5168米的扫布尤主峰，垂直高差3000多米，形成了亚热带至高山寒漠带的完整垂直自然景观。海拔4500米以上，"多尼措""次乔措"等众多的高原湖泊为雪峰、森林、草甸所环绕，水色一天，煞是迷人。这个区域适合春天至深秋时节拍摄，需要在当地雇用向导和马匹前往。

如果是摄影主题游，香格里拉大环线四川段的最佳拍摄季节在每年的10月中旬至11月底，时间可以考虑7~10天较为合适。

● **卡子拉山**

摄影指数 ★★★★

卡子拉山，海拔4718米。因海拔较高，灌木丛都较少，以高山草甸为主。在这里看山，层峦叠嶂，一层比一层更远，一层比一层颜色更浅，直至天边，真像行走在"天路"之上。而满山遍野的牛羊，又把这里妆点成"美丽的牧场"。

影友贴士

　　卡子拉山很适合在多云天气拍摄，云朵的影子投射在高原上形成斑斓多彩的颜色，像锦缎一样漂亮。不时有神奇的强烈天光从云端投射下来，形成奇特炫目的光景。

理塘雅味小饭馆
Ⓐ地址：理塘县团结路北段

理塘老七小吃分店
Ⓐ地址：理塘县格聂西路
Ⓣ电话：0836-5321515

藏餐馆
Ⓐ地址：理塘县格聂西路

老鸭汤理塘分店
Ⓐ地址：理塘县幸福西路
Ⓣ电话：0836-5323322

仙鹤藏餐
Ⓐ地址：理塘县团结路南一段

稻城拼英藏庄
Ⓐ地址：稻城县贡巴路二段
Ⓣ电话：0836-5727186

稻城聚福轩饭店
Ⓐ地址：稻城县俄初街

稻城大众香餐厅
Ⓐ地址：稻城县亚丁路一段

稻城小川味餐厅
Ⓐ地址：稻城县俄初街
Ⓣ电话：0836-5727381

乡城巴姆小吃
Ⓐ地址：四川省甘孜藏族自治州乡城县汽车站旁

乡城乡鹤小康店
Ⓐ地址：四川省甘孜藏族自治州乡城县

乡城香巴拉绿色藏餐
Ⓐ地址：四川省甘孜藏族自治州乡城县粮食局旁

乡城县索玛绿色彝餐
Ⓐ地址：四川省甘孜藏族自治州乡城县V09县道旁
Ⓣ电话：0836-5826197

新都桥可住宿地点比较多，一般从30～200元不等。稻城亚丁旺季接待能力有限，住宿比较紧张，需提前预约，夏季可考虑自带帐篷。

客栈

新都桥雅克驿栈
Ⓐ地址：康定县瓦泽乡
Ⓣ电话：15082306724

稻城亚丁旅社
Ⓐ地址：稻城县贡嘎路一段
Ⓣ电话：0836-5728195

稻城高原客栈世界青年旅舍
Ⓐ地址：稻城县
Ⓣ电话：0836-5728667

旅友驿站
Ⓐ地址：稻城县俄初街

藏乡驿站
Ⓐ地址：稻城县俄初街

彭松措亚丁接待站
Ⓐ地址：稻城县亚丁村
Ⓣ电话：0836-5721068

亚丁村绿野亚丁
Ⓐ地址：稻城县亚丁村
Ⓣ电话：0836-5721678

宾馆饭店

新都桥鑫康珠酒店
Ⓐ地址：康定县新都桥镇
Ⓣ电话：0836-2867581
　　　　13990461211

理塘县高城宾馆
Ⓐ地址：理塘县格聂东路
Ⓣ电话：0836-5322706、5322738

理塘县格聂大酒店
Ⓐ地址：理塘县幸福东路79号
Ⓣ电话：13508296653

稻城亚丁酒店
Ⓐ地址：稻城县贡巴路二段附近
Ⓣ电话：0836-8674777

稻城亚丁温泉大酒店
Ⓐ地址：稻城县贡巴路二段36号
Ⓣ电话：0836-5727522

稻武宾馆
Ⓐ地址：稻城县贡巴路一段
Ⓣ电话：0836-5728786

香格里拉度假宾馆
Ⓐ地址：稻城县波瓦街
Ⓣ电话：0836-5727088

乡城县公路饭店
Ⓐ地址：乡城县V09县道旁

乡城县香巴拉民族大酒店
Ⓐ地址：乡城县V09县道旁

乡城县卡莎莎大酒店
Ⓐ地址：乡城县V09县道旁
Ⓣ电话：0836-5826856

乡城县巴姆山大酒店
Ⓐ地址：乡城县V09县道旁
Ⓣ电话：0836-5825768

风光大道

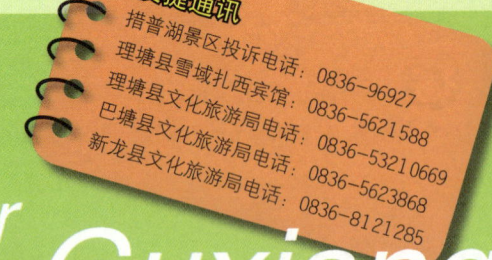

便捷通讯

措普湖景区投诉电话：0836-96927

理塘县雪域扎西宾馆：0836-5621588

巴塘县文化旅游局电话：0836-53210669

新龙县文化旅游局电话：0836-5623868
0836-8121285

Gesaer
格萨尔故乡 Guxiang

朝圣的路有多长，《格萨尔王传》就有多长；回故乡的路有多远，《格萨尔王传》的诵读声就能传多远。诞生无数高僧活佛的广袤圣境，定格你梦中的美轮美奂。

信息：措普沟门票30元/人，措普寺住宿30元/人（寺庙内通铺），寺庙内扎营每顶帐篷30元。

 线路交通

成都—383公里国道318—康定—316公里国道318—理塘—57公里国道318-毛哑草原—90公里国道318转乡村公路—措普湖—147公里国道318理塘—158公里省道217—新龙

成都到新都桥，路况较好，雅江前后几十公里路况很差，这段路普通车辆雨雪天气很难行驶，建议乘坐越野车。理塘至措拉乡路况很好，均为水泥路面。措拉乡至措普湖路况很差，多为土路、沼泽等路况，坡度也很陡，不建议小车、轿车前往。稻城至新龙公路状况良好，可以放心行驶。

 **聚焦景区**

摄影指数★★★★

● **理塘寺**

理塘寺又名长青春科尔寺，位于理塘县城城北山坡，原为黑教寺庙。明代万历年间，三世达赖途经该地时改为黄教并为其开光，为康区第一大格鲁派（黄教）寺庙，素有"康南佛教圣地"之称。寺庙建筑依山而上，高低错落，层次分明，大殿佛舍位于寺庙中央和高处，体势巍峨，拾级而上，给人以极目云天，绝尘归神之感。

风光大道

影友贴士

　　作为康区第一大格鲁派（黄教）寺庙。其宏伟的建筑与厚重的文化底蕴为康区之最，除大殿内部不能拍照外，其他地方均允许拍摄。壁画、灵塔也是拍摄主题。拍摄方位在高尔寺山或寺庙方向，一早一晚均可。清晨寺庙内喇嘛洗漱、穿戴、进入佛学院学习这个过程很有拍摄的价值。

　　毛垭大草原位于理塘县城以西，群山的怀抱之中，如海的草原郁郁葱葱。夏日，湛蓝的晴空下，牛羊成群，绿草连天，盛开的野花姹紫嫣红，打一个滚就是一身花香；秋天，晴空高远，云朵洁白，草木金黄；冬日则是白雪皑皑，原驰蜡象。季节的变化赋予大草原无边的神韵与风姿。

● 格聂神山

格聂神山海拔6204米，位于甘孜州理塘县西南部，距县城110公里。该山冰碛地貌发育较全，终年冰雪覆盖，系康巴南部第一高峰，四川省第二高峰。格聂神山是我国藏传佛教24座神山中的第13座女神，整个神山的一草一木，一石一水都有她的神秘传说。山中岩石有自然形成的六字真言等佛教经文，是佛教徒心目中的圣地。山下有闻名中外的白教发祥地——冷谷寺，寺中珍藏着母鹿角等稀世之宝。 格聂神山还是地球上至今仍未被人类征服的海拔6000米以上的山峰之一，是朝佛、旅游、探险的好去处。下坝扎呷圣山溶洞为藏区海拔最高、最大的溶洞。

影友贴士

以格聂山为中心，周围的山峰、原始森林、草原、湖泊、温泉、寺庙、藏乡风情都是摄影关注点。格聂山主峰终年白雪皑皑。在阳光照映下，金光闪闪。晴天，在两三百公里以外也能看见主峰高耸入云的壮景。

● 措普风景区

摄影指数 ★★★★★

措普风景区位于巴塘县措拉沟茶洛乡境内。距理塘县城120公里，距巴塘县城105公里。该景区以秀丽的高原湖泊、原始森林、温泉群和藏传佛教寺庙集于一体为主要特色。流传世界的著名史诗之一《格萨尔王传》中的许多故事就发生在这块神奇的土地上，故又名"岭嘎溪"，意即格萨尔王的部落。至今，格萨尔王的风物、遗迹像珍珠一般撒落在这片神奇土地的每个角落，如康巴藏区颇负盛名的传统马术、岭国征战的古堡、试剑石、格萨尔王泉、民间交流语言中的史诗谚语等。措普湖风景秀丽，措普寺坐落在湖边，寺庙、森林和湖光山色相互交融，犹如仙境。措普湖被誉为"康巴第一圣湖"，有"香格里拉之魂"之美誉。

影友贴士

措普风景区主要拍点在以措普湖、措普寺为中心的区域。景区植物原始古朴，种类繁多是拍摄的一个元素。广阔的章德草原水草丰茂，缓缓流动的巴曲河沿岸，帐篷炊烟，放牧的牛羊组成的美丽画卷也让摄影者心动。秋天的措普沟是醉人的，草原上水草金黄，群山层林尽染，就连沟谷内的灌木也红透了。神山扎金甲博峰，在清晨或黄昏都可以拍摄日照金山。

去措普一般选择在理塘住宿，沟口有家措拉餐厅可以住宿吃饭。到了沟里只能在措普寺内住宿或者院子里自己搭帐篷过夜。景区餐饮规模很小，一般选择返回理塘就餐或在景区野餐。

风光大道

● 新龙

　　新龙县在藏语里称为"梁茹"，意为林间的河谷。因其位于甘孜州的腹心地带，故有肚脐县之说。新龙风光秀丽，卡瓦洛日雪山峥嵘壮观，雅砻江大峡谷绮丽神秘，拉日马草原宽广美丽，雄龙扎呷天人合一，措卡瑶池宁静如画，格日溶洞深邃奇险，皮擦秋色多姿多彩。

　　另外，日巴觉姆寺是一座不大的觉姆（尼姑）寺庙，建于200多年前，是宁玛派寺庙。卡洼洛日大雪山，海拔5995米，终年积雪，与佛经中记载的卡瓦罗守护神同名。益西寺位于新龙县城3公里处，是康区最大苯波教寺庙。

📷 影友贴士

　　新龙雅砻江大峡谷风景区是一大看点，雅砻江大峡谷两边山岩林立，犹如进入了一条古老的隧道，每到夏秋季节显得尤为美丽。俄巴村的由来充满宗教色彩。向河对面望去，有一幢红颜色房子，那是色达五明佛学院大堪布的降生地。山上有许多大石板，据说其中有天然的裂缝花纹形成的卡瓦洛日山和地之肚脐的微缩景观。如果有机会遇见一定要拍下来。日巴觉姆寺、益西寺、措卡湖、拉日马草原和佛塔群还有那高高的卡洼洛日大雪山都是主要的拍摄点。其中夏秋季的拉日马草原十分美丽，摄友一定不要错过。

风光大道

在距县城32公里的雅砻江西岸，有一潭像镜子一样的湖称"措卡湖"，意为"绿宝石"。新龙县最大的一个乡——拉日马乡名字有"美如仙境，安居乐业"之意，最主要的风景是拉日马草原和佛塔群。

巴蜀廉美鲜川菜馆
Ⓐ地址：理塘县幸福东路
Ⓣ电话：0836-5323451

长香饭店
Ⓐ地址：理塘县团结路南一段
Ⓣ电话：0836-5323556

新龙歪砂锅
Ⓐ地址：新龙县人民路电力公司旁
Ⓣ电话：0836-8121611

新龙康新食店
Ⓐ地址：新龙县人民路

巴塘县金穗饭庄
Ⓐ地址：巴塘县005乡道旁
Ⓣ电话：0836-5622003

巴塘县江湖味道
Ⓐ地址：巴塘县318国道旁
Ⓣ电话：0836-5621654

客栈

巴塘县如意客栈
Ⓐ地址：巴塘县县城

宾馆饭店

金穗宾馆
Ⓣ地址：稻城县亚丁路一段
Ⓣ电话：0836-5622700

高城宾馆
Ⓐ地址：理塘县格聂东路
Ⓣ电话：0836 5322706

理塘宾馆
Ⓐ地址：理塘县幸福西路
Ⓣ电话：0836 5322163

白塔宾馆
Ⓐ地址：理塘县幸福东路
Ⓣ电话：0836-5323089

高原明珠酒店
Ⓐ地址：理塘县康巴街
Ⓣ电话：0836-5323088

理塘县格聂大酒店
Ⓐ地址：理塘县幸福东路79号
Ⓣ电话：0836-5322999

理塘县圣地大酒店
Ⓐ地址：理塘县理乡路
Ⓣ电话：0836-5321511

雪域扎西宾馆
Ⓣ地址：巴塘县地税局旁

新龙布鲁曼大酒店
Ⓐ地址：新龙县人民路
Ⓣ电话：0836-8122232

新龙卡萨大酒店
Ⓐ地址：炉霍县团结路18号
Ⓣ电话：0836-7323666

便捷通讯

乡城县文化旅游局电话：0836-5826937
得荣县文化旅游局电话：0836-5922417
炉霍县文化旅游局电话：0836-7321115
色达县文化旅游局电话：0836-8523707
甘孜县文化旅游局电话：0836-7521749
新龙县文化旅游局电话：0836-8121285
德格县文化旅游局电话：0836-8223355
白玉县文化旅游局电话：0836-8321266
石渠县文化旅游局电话：0836-8622065
道孚县文化旅游局电话：0836-7123149

T aiyang
太阳部落*Buluo*

　　仅仅德格印经院，就足够出一本可能获得广泛国际赞誉的影像集。雪域世界里的太阳部落，最强悍的人类生存记录者，你将就此铸成对信念力量的终生崇拜！

信息：新路海露营10元/人，进入景区20元/人。德格印经院门票35元/人

线路交通

　　成都—154公里成雅高速—雅安—189公里318国道—康定—80公里318国道—新都桥—120公里318国道—道孚—325公里318国道—色达—133公里318国道—德格—104公里318国道—石渠

　　到新都桥，路况较好，理塘经九龙到甘孜再到白玉石渠，总的来说路况都还好，去往石渠大草原路况较差。

聚焦景区

● 石渠

　　　　　　　　　　　　　　　　　　　摄影指数★★★★★

　　石渠县位于四川最西北部，距康定696公里。石渠地大物博，幅员辽阔，藏语称"扎溪卡"，意为"雅砻江边"。相传在很久远的年代，一头神牦牛被冰雪禁锢在格拉丹冬雪山上，有一群勇敢的康巴汉子爬上雪峰，从太阳引来了火种，终于使

影友贴士

石渠有康区最美的草原扎溪卡大草原，不容错过。嘉纳经石城的嘛呢石堆闻名于世，拥有"世界第一大嘛呢堆"的桂冠。甘孜寺称为"霍尔十三寺"第一寺，是甘孜州最大的黄教寺庙。还有川西北高原上有名的"新龙门客栈"——马尼干戈小镇，这些都是拍摄要点。

冰雪融化了，神牦牛苏醒了，一股清亮亮的雪水从它的鼻孔中喷涌而出，从此草原上才有了涓涓溪水和清清河流，也有了肥壮牛羊和悠扬的牧歌……太阳和火因此成为石渠人崇拜的图腾，扎溪卡也就有了一个响亮的名字：太阳部落。四川省最大的草原，藏区最高、最长、最早的嘛呢墙，神秘的"利山巨石群"，原始的游牧部落，白唇鹿和黑颈鹤的故乡，举世无二的帐篷城……人和自然最佳的结合，使石渠成为天（神）人合一的秘境。

风光大道

● 德格

摄影指数 ★ ★ ★ ★

德格位于甘孜州西北部，距康定588公里。德格意为"善地"，来源于藏传佛教中的"四部十美"。德格县是藏区三大文化中心之一，康巴文化的发祥地，格萨尔王的故里，在藏民族文化的继承和发展史上地位举足轻重，历史文化积淀十分丰厚，藏传佛教五大教派共存，和睦相处。人称藏文化宝库的德格印经院也在这里。

影友贴士

德格有世界闻名的德格印经院。阿须草原、五大教派齐全的藏传佛教、有人间仙境多瀑沟、西天瑶池新路海、金沙江风光、雀儿山风光这些都是不能错过的拍摄点。

● 甘孜

摄影指数 ★ ★ ★ ★

甘孜县位于甘孜州西北部，距康定385公里。"甘孜"系藏语，意为洁白、美丽。著名的格鲁派寺庙"霍尔十三寺"在甘孜县境内就有六座寺庙，霍尔十三寺的第一寺——甘孜寺，已有500年的历史了，位于县城北面的一座人字形山坡上。

风光大道

影友贴士

白利寺，康区黄教第一寺——甘孜寺，历史悠久的大金寺，文物价值连城的东谷寺都是甘孜县重要的人文拍摄地，每年8月10日甘孜迎秋节历时7天，民族歌舞、锅庄表演也是一大拍摄主题。藏区著名神山——奶龙山，自然风光独特，从每年初夏到深秋时节是最适合拍摄的时间。

● 色达

摄影指数★★★★

色达县位于甘孜州西北部，距康定445公里。色达县藏语意为"金马"。格萨尔王遗迹遍布境内，在被世人称为格萨尔王最后的部落——瓦须，既有格萨尔王与王妃珠姆留下的美丽传说，也有"格萨尔王营盘"征战地形图，还有铁甲、战马蹄的印迹，格萨尔练兵山和格萨尔王女将阿达拉姆的踢山石柱。这里有我国唯一保存完整的骨系部落文化；色达还有藏区最大的著名的"天顶天葬台"。

● 色达五明佛学院

摄影指数 ★ ★ ★ ★ ★

距色达县城20余公里有一条山沟叫喇荣沟，顺沟上行数里，蔚蓝苍穹之下，银岭碧草之间，数千间赭红色的木屋，如众星拱月般簇拥着几座金碧辉煌的大殿——它就是藏于深山中的喇荣寺五明佛学院，也称色达佛学院。色达佛学院是世界上最大的藏传佛学院。常住的喇嘛有两万

影友贴士

色达喇荣五明佛学院是主要拍点，金马之乡的婚嫁和天葬也是两大拍点。找一处高地俯拍整个寺庙群，这个高点也适合拍摄寺庙夜景。

多人。每遇有佛事活动人数还会增加，最多时可达四万多人。

● 道孚 摄影指数 ★ ★ ★ ★

　　道孚县地处青藏高原东南缘的鲜水河断裂带，是山地与高原间的过渡带。位于甘孜州东北部，雅砻江支流——鲜水河中下游，东北与丹巴、金川接壤，东南与康定、雅江毗邻，西北与新龙、炉霍、壤塘交界，距康定220公里。道孚民居堪称康巴一绝；亚拉雪山，似梦幻仙境；御建古刹惠元寺，令佛坛生辉。"康巴阿勒泰"的玉柯大草原、格萨尔文化走廊上的龙灯大草原是牧民心中的"香巴拉"；峡谷中的扎坝文化神秘莫测；造型奇特、千姿百态的八美变质岩石林，是国内唯一、世界罕见的地质奇观。

风光大道

影友贴士

　　亚拉风光绮丽迷人，亚拉雪山、高山飞瀑、晶莹冰川、炽热温泉、碧绿群海，构成了一幅绝妙的人间仙境。闻名于整个藏区由皇帝拨专款敕建的寺庙——惠元寺是必拍点，寺庙建筑很具特色不宜错过。在离道孚县城几公里以外的格西乡，可拍摄道孚县城全景，道孚县的标志性建筑——朗吉曲登已成佛门圣地，值得一去。

　　在灵雀寺逢藏历正月十五日举行的酥油花会、藏历九月二十二至二十九日举行的江刻大法会、藏历十月二十一至二十五日举行的安却大法会十分隆重，尤以酥油花会最为著名，摄友可安排好时间前往。

　　奇俗密境——扎坝大峡谷。在这个不为外人所知的深山大峡谷里，数千扎坝人至今仍延续着类似泸沽湖摩梭人，但较之更为奇特的走婚习俗，当地人称之为"爬房子"，这一奇特的习俗也是很好的人文拍摄题材。

　　"康巴阿勒泰"，玉柯草原，更适合夏秋季前往拍摄。

甘孜县天惠酒楼
Ⓐ地址：甘孜县滨河路
Ⓣ电话：0836-7521731

石渠县扎溪卡饭店
Ⓐ地址：石渠县217省道县政府旁
Ⓣ电话：0836-8622593

石渠县贸易酒楼
Ⓐ地址：石渠县217省道旁
Ⓣ电话：0836-8622626

石渠县高原红藏餐茶艺酒楼
Ⓐ地址：石渠县217省道农行旁

甘孜县小辣椒火锅楼
Ⓐ地址：甘孜县机场大道

甘孜县烫皮羊肉
Ⓐ地址：甘孜县河东路159号
Ⓣ电话：0836-7522603

甘孜县鲜鸡汤抄手
Ⓐ地址：甘孜县河西路
Ⓣ电话：0836-7522485

甘孜县谭氏鱼庄
Ⓐ地址：甘孜县迎宾路
Ⓣ电话：0836-8996679

色达县品香苑酒家
Ⓐ地址：色达县金马大道东路附近
Ⓣ电话：0836-8523673

色达县嘉绒风味小吃
Ⓐ地址：色达县金马大道东路附近

石渠县大邑饭店
Ⓐ地址：石渠县217省道县烟草专卖局西南
Ⓣ电话：0836-8622654

甘孜县梁家饭店
Ⓐ地址：甘孜县川藏路
Ⓣ电话：0836-7522748

甘孜县吧口香饭店
Ⓐ地址：甘孜县菜市街
Ⓣ电话：0836-7522448

色达县炉霍鲜肥肠分店
Ⓐ地址：色达县金马大道东路附近
Ⓣ电话：0836-6932680

风光大道

新路海露营10元/人，德格住宿绒麦昂扎宾馆，100元标间。五明佛学院：住在藏家旅馆20～30元/人，自己搭帐篷10元/人。新龙住宿在新龙县中心街11号的新粮藏式酒店100元标间。

客栈

石渠县青瓦贡美青旅馆
Ⓐ地址：石渠县217省道县医院旁
Ⓣ电话：0836-8622985

尼宗寺旅馆
Ⓐ地址：青海省玉树藏族自治州称多县
　　　　214国道
Ⓣ电话：0976-8826159

德格县物资招待所
Ⓐ地址：德格县茶马中街
Ⓣ电话：0836-8222031

甘孜县元凯农家乐
Ⓐ地址：甘孜县清河街
Ⓣ电话：0836-7525398

甘孜县祥和住宿部
Ⓐ地址：甘孜县河西路
Ⓣ电话：0836-7525369

宾馆饭店

甘孜县康巴温泉宾馆
Ⓐ地址：甘孜县东大街
Ⓣ电话：0836-7523366 蓝介文

甘孜县金牦牛宾馆
Ⓐ地址：甘孜县解放街
Ⓣ电话：0836-7522535 谢淑琴

德格雀儿山宾馆
Ⓐ地址：德格县格萨尔大街更庆镇正街
Ⓣ电话：0836-8222167

德格县德格宾馆
Ⓐ地址：德格县格萨尔大街更庆镇正街
Ⓣ电话：0836-8223180

色达县吉祥宾馆
Ⓐ地址：色达县吉祥北街附近
Ⓣ电话：0836-8932277

色达县格萨尔宾馆
Ⓐ地址：色达县
Ⓣ电话：0836-8521888

酒店

甘孜县桥头堡酒店
Ⓐ地址：甘孜县滨河路
Ⓣ电话：0836-7522178 宋吉

新龙县布鲁曼酒店
Ⓣ电话：0836-8122232

石渠县香德尼玛大酒店
Ⓐ地址：石渠县德吉东街
Ⓣ电话：0836-8622888

德格县马玛干戈帕尼酒店
Ⓐ地址：德格县317国道旁
Ⓣ电话：0836-8222788

色达县金马酒店
Ⓐ地址：色达县金马大道26号
Ⓣ电话：0836-8521588

巴蜀文化

诗画田园

Xingshe
行摄嘉陵
Jialing

镜头聚焦

巴蜀文化 *Bashu Wenhua*

嘉陵江 *Jialingjiang* \ 诗画田园 *Shihua Tianyuan* ▶

行摄嘉陵
Xingshe Jialing
导游图 >>>

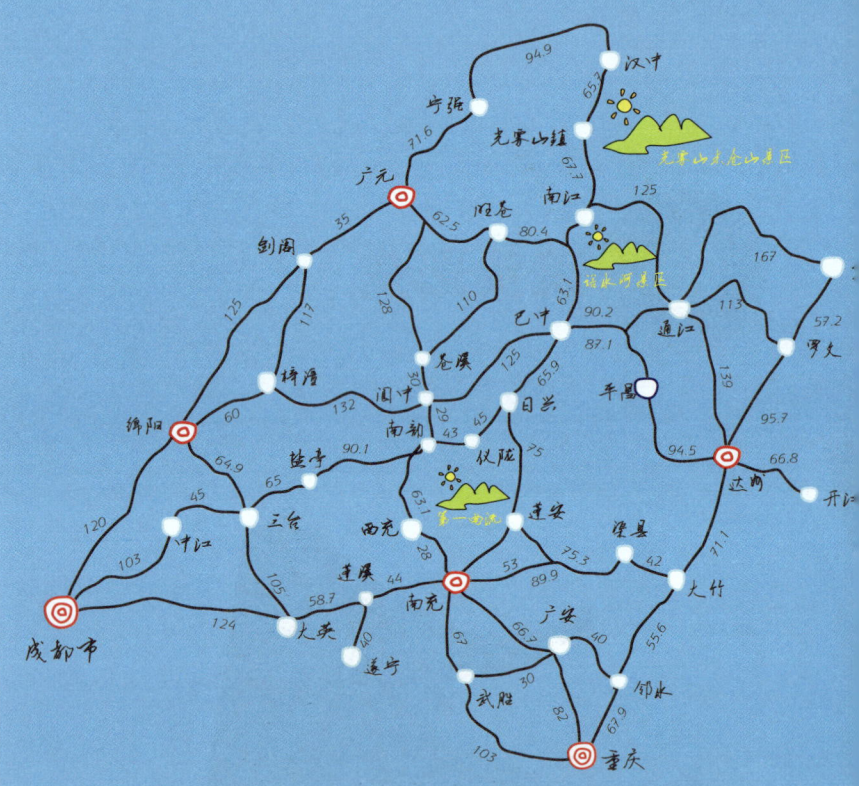

94.9

汉中

宁强

65.2

71.6

光雾山镇

67.3

光雾山水仓山景区

广元

南江

125

35

阳卷

62.5

80.4

剑阁

128

110

诺水河景区

167

125

117

90.2

113

57.2

巴中

通江

罗文

埇溪

132

65.9

87.1

1.39

95.7

绵阳

60

阆中

29

日兰

平昌

94.5

66.8

达州

64.9

南郡

43

45

仪陇

75

开江

65

90.1

西充

63

蓬安

渠县

711.1

45

三台

28

嵘一峰流

53

75.3

42

大竹

120

105

58.7

44

南充

89.9

55.6

中江

103

蓬溪

66.7

40

邻水

124

大英

40

广安

武胜

30

82

679

成都市

103

重庆

图例
 旅游景区
⊚ 省会城市
◎ 省辖市
○ 县级市、县
— 高速公路
～ 国道、省道、景区公路

摄游线路精选

● **水墨光雾山**

十八月潭拍水，感光水之灵性。桃园看山，感光山之灵气。大坝观叶，感光红叶之灵幻。

成都—广元—南江光雾山—米仓山—通江—诺水河—巴中—南充—成都

● **巴山蜀水**

巴山蜀水，绚丽多姿，天下山水之观在巴蜀。

成都—南充—阆中—巴中—万源—达州—大竹—华蓥—广安—遂宁—成都

● **诗歌田园**

百里田园风光、百里诗歌画廊尽在"嘉陵第一桑梓"

成都—南充—蓬安—仪陇—阆中—苍溪—昭化—广元—成都

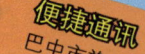

便捷通讯

巴中市旅游局0827-5221263
南江县旅游局0827-8225998
光雾山景区管理局0827-8861279
米仓山景区咨询0827-8269310
巴州区旅游局0827-5221263
通江县旅游局0827-7221546

Shuimo
水墨光雾山 *Guangwushan*

光雾山是一方神奇秀丽的自然山水，地形复杂，峰峦叠嶂，林木俊美，洞穴幽深，山泉密布，云蒸雾绕，林海浩荡，胜景众多。

信息：米仓山森林公园40元/人，溶洞30～80元/人，光雾山风景区90元/人，大坝林场30元/人，巴山游击队纪念馆5元/人，川陕博物馆、红军城、南龛石窟15/人，银耳博物馆免费。

 ## 线路交通

成都—285公里成绵广高速—广元—154公里省道202转101—南江—89公里省道101—光雾山—15公里省道101—米仓山—75公里县道—诺水河—78公里省道201—通江—96公里省道302—巴中—218公里省道101转203—南充—192公里成南高速—成都

这条线路比较好走，沿线城区道路、乡村公路和省道以及一些新修的高等级公路交错，道路状况不错，可以放心驾驶。

 ## 聚焦景区

● 米仓山国家森林公园

摄影指数★★★

米仓山森林公园南距巴中市136公里，北距陕西汉中70公里。公园内山奇水秀，环境优美，风光迷人。地层古老，地貌奇特，地域广阔，森林浩瀚，红叶奇绝，山体灵秀，天象多彩，自然景观富集，人文底蕴深厚。春赏山花，夏看山水，秋观红叶，冬咏雾凇。由牟阳城、十八月潭、万字山3个景区，88个景点组成，其中自然景观74个、人文景观14个。

● 光雾山

　　光雾山位于巴中市南江县北部，距南江县城70公里。光雾山以秀丽奇特的群峰为代表，苍翠茂密的森林植被为基调，集秀峰怪石、峭壁幽谷、溪流瀑潭、原始山林为一体，可集中概括为"峰奇""石怪""谷幽""水秀""山绿"五绝。近年来，光雾山观红叶已经成为四川秋季旅游的热门线路。景区由桃园、大坝、大江口、神门、小巫峡等5大景点组成，主要景观360多处。著名诗人高平有诗称赞："九寨看水，光雾看山，山水不全看，不算到四川"。

行摄嘉陵

影友贴士

　　光雾山、米仓山主要拍摄红叶、溪流以及香炉峰的云雾。每年的十月底到十一月初是拍摄红叶的最佳时间段。光雾山的香炉峰是拍摄日出的绝佳位置，需在山顶住宿或露营才能在日出时赶到拍摄点。桃园景区景色一般，适合游玩不是很适合拍摄。大坝适合拍摄成片的红叶景观，山区常有云雾相伴。大小竹兰沟、黑熊沟适合拍摄水流、落叶等，脚架是这一地区拍摄必备的器材。

● 通江诺水河

摄影指数 ★ ★ ★

　　诺水河风景名胜区位于横卧川陕边境的四川通江县境内，距通江县城70公里，主要景点集中在诺水河畔、临江峡谷、空山天盆、麻坝石林等四大片区。

影友贴士

　　诺水河风景名胜区主要是以夏天丰水期拍摄诺水河畔自然风光题材为主，峡谷景色只适合在秋天拍摄，平时颜色比较单一。这一地区最让人称道的是大大小小的溶洞。摄友可以重点拍摄一些主要的洞穴，"诺水洞天"景区的溶洞，"临江丽峡"景区的峡谷和瀑布，"空山天盆"景区的喀斯特地貌都是主要的拍摄要点。

行摄嘉陵

● 巴中恩阳古镇

恩阳古镇是极具川北特色的民居群落,位于巴州区西南面,总面积3.5平方公里。恩阳的最早建制可以追溯到南北朝时期,梁武帝普通六年(公元525年),这里便建了义阳县,郡县同治。纵横交错的三街二十八巷,韵味独特的老建筑,随处可见的红军足迹,与山山水水构成了一幅美丽的画卷,令人神往。

影友贴士

恩阳古镇作为巴州唯一的大集镇,在古镇拍摄集市的场面是一个主题。其次古镇建筑也很有特色,现恩阳镇保存完好的古老街道有28条,革命旧址多达17处,旧址原貌未改很适合摄友拍摄。镇上老街有一老茶馆,也是很有味道,是摄友创作的一个好地点。

南江县为中国核桃之乡，在南江县核桃分布四大类，即核桃、铁核桃、野核桃、核桃楸。南江翡翠米，也是四川省巴中市南江县的著名特产，烤黄羊、烤土鸡、山野菜、山野菌、鱼辣子、腰果炒巴鱼、腊肉轧辣椒、黄江羊肉等山珍美食也是南江的特色。

"密麻花"系四川省传统名产之一，通江县以板桥的麻花最受欢迎。诺水河景区有农家菜、野鸡、野猪、腊烤腿等等。香菇炖腊肉是通江特色美食。通江县还是银耳之乡。

南江好餐厅
Ⓐ地址：巴中市南江县光雾山大道城庙段
Ⓣ电话：0827-8230712

南江福寿旅餐馆
Ⓐ地址：巴中市南江县米仓山大道文星段
Ⓣ电话：0827-8231442

南江顺心餐馆
Ⓐ地址：巴中市南江县南门街
Ⓣ电话：0827-8224588

巴中全黄羊食府
Ⓐ地址：巴中市巴州区江北大街
Ⓣ电话：0827-5266455

巴中枣林黄桷树鱼庄
Ⓐ地址：巴中市巴州区江北大街
Ⓣ电话：0827-5282253

巴中德记嘉宝名特
Ⓐ地址：巴中市巴州区江北大街
Ⓣ电话：0827-5280789

广元川山甲火锅店
Ⓐ地址：广元市利州区蜀门北路一段
Ⓣ电话：0839-3242288

广元苦荞鸭子火锅店
Ⓐ地址：广元市利州区天成路
Ⓣ电话：0839-3500050

广元老渔翁鲜鱼府
Ⓐ地址：广元市利州区小西街
Ⓣ电话：0839-3245548

广元庭院小吃
Ⓐ地址：广元市北京路
Ⓣ电话：0839-3510665

满堂红酒楼
Ⓐ地址：巴中市南江县光雾山镇
Ⓣ电话：0827-8861161

 客栈招待所

南江县林海度假村
Ⓐ地址：巴中市南江县101省道桃源镇
Ⓣ电话：0827-8861098

通江县永兴旅馆
Ⓐ地址：巴中市通江县诺江中路
Ⓣ电话：0827-7224659

通江县交通旅馆
Ⓐ地址：巴中市通江县诺江中路
Ⓣ电话：0827-7233887

宾馆饭店

通江宾馆
Ⓐ地址：省巴中市通江县东街46号
Ⓣ电话：0827-7220335

通江凯源宾馆
Ⓐ地址：巴中市通江县通宣路寨子
石街7号
Ⓣ电话：0827-7201540

状元楼宾馆
Ⓐ地址：巴中市通江县诺江中路
Ⓣ电话：0827-7239999

通江县诺水宾馆
Ⓐ地址：巴中市通江县诺水河风景
名胜区内
Ⓣ电话：0827-7646052

南江县蓝月亮宾馆
Ⓐ地址：巴中市南江县光雾山大道
城庙段
Ⓣ电话：0827-8233288

南江县文星宾馆
Ⓐ地址：巴中市南江县米仓山大道文星
段附近
Ⓣ电话：0827-3121090

巴粮宾馆
Ⓐ地址：巴中市巴州区商业街
Ⓣ电话：0827-5235552

巴中市江北宾馆
Ⓐ地址：巴中市巴州区江北大街中段86
号江北大厦
Ⓣ电话：0827-5269918

巴中市明珠饭店
Ⓐ地址：巴中市巴州区江北大街57号
Ⓣ电话：0827-7700000

巴中市恒丰饭店
Ⓐ地址：巴中市巴州区江北大道中
Ⓣ电话：0827-5269898

酒店

南江光雾山大酒店
Ⓐ地址：巴中市南江县101省道
Ⓣ电话：0827-8861128

南江桃园大酒店
Ⓐ地址：巴中市南江县101省道桃源镇
Ⓣ电话：0827-8861999

巴中欧曼商务酒店
Ⓐ地址：巴中市巴州区江北大街

巴中聚福楼大酒店
Ⓐ地址：巴中市南江县125县道

巴中市回丰商务酒店
Ⓐ地址：巴中市中心
Ⓣ电话：0827-2556666

巴中安逸158连锁酒店
Ⓐ地址：巴中市中心农行对面
Ⓣ电话：0827-5551158

便捷通讯

广安市旅游局电话: 0826-6226600
达州市旅游局电话: 0818-2130027
万源市旅游局电话: 0818-8626152
通江县旅游局电话: 0827-7221546
巴中市旅游局电话: 0827-5282200
三台县旅游事业管理局电话: 0816-5334862
遂宁市旅游局电话: 0825-2317909
大竹县旅游局电话: 0818-6247613

Bashan
巴山蜀水 Shushui

因大巴山、巫山、大娄山界内属古代巴国地域,以山地、丘陵为主;以成都平原为中心为古蜀地域,四川的主要河流大都从这里经过流入长江,故历史上习惯于把四川的山水简称"巴山蜀水"。

信息:宝箴寨门票25元/人,华蓥山森林公园门票82元/人,大竹五峰山国家级森林公园门票20元/人,铁山森林公园门票40元/人,宣汉百里峡景区门票90元/人

 线路交通

成都—309公里成南高速—南充—137公里国道212—阆中—14公里省道302转301—巴中—320公里省道302—万源—150公里国道210—达州—75公里达渝高速—大竹—92公里达渝高速转广邻高速—华蓥山—22公里广邻高速—广安—186公里省道304—遂宁—156公里成南高速—成都

成都—309公里成南高速—南充—90公里南渝高速—武胜—49公里省道304转广邻高速—华蓥山—28公里广邻高速—广安—100公里广邻高速转达渝高速—大竹—60公里达渝高速—达州—156公里省道202转302—巴中—240公里省道101—阆中—186公里省道101—三台—58公里省道101—中江—43公里省道101—金堂—70公里成金快速通道—成都

这条线路比较好走,沿线城区道路、乡村公路和省道以及一些新修的高等级公路交错,道路状况不错,可以放心驾驶。

行摄嘉陵

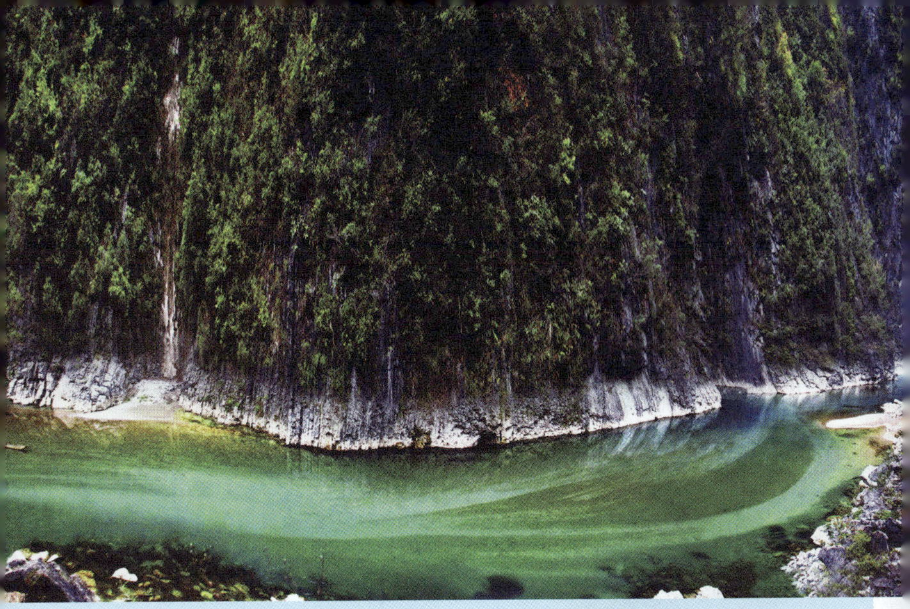

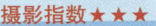

宣汉百里峡

摄影指数★★★

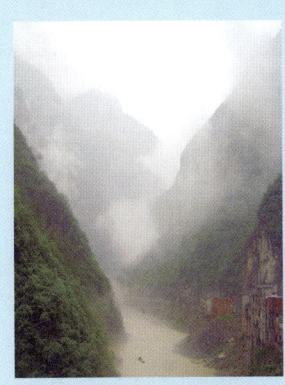

百里峡风景区距宣汉县城110公里。百里峡景区属喀斯特地貌特色景区，六大山脉托出10大主峰，平均海拔 2200 多米，常年云遮雾绕，宛若仙山。这里的百兽聚会、仙女岩、观音洞、南天门、二龙飞瀑、老黄山、犀牛望月、一线天、盘龙洞、雄鸡鸣天等10大景点，逶迤展开，形成了300里峡谷风光。整个风景区分为四谷、五区、六脉、七绝（景、岩、洞、水、物、漏斗、民俗）、八怪（飓风洞、水色斗、山上鱼、岩里湖、鸟鸣灯、井喷彩、叶呈字、吞吐河）。

达州真佛山

摄影指数★★★

真佛山位于达县城南30公里的福善乡境内。据考，达州真佛山建庙留僧已有近170年历史。原为关帝庙，清嘉庆十五年（1810年）后仿佛寺改建，寺名“德化寺”，清道光六年

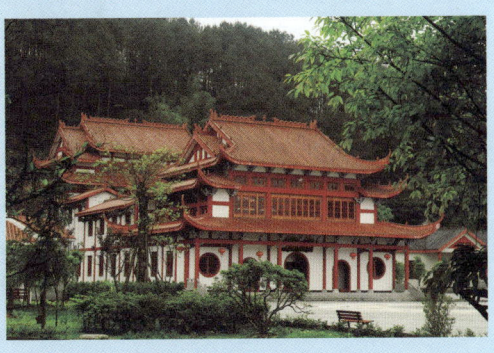

（1825年）扩建后更名为真佛山。全寺依山势而上，分前、中、后三殿，互不相连，规模宏大壮观。而且从山门开始，便沿中线而层层递进，直至最顶层，体现了中国古代建筑"中轴对称"的布局规矩，堪称建筑精品。

● 大竹五峰山国家级森林公园

摄影指数 ★★★

国家森林公园——五峰山，位于大竹县东部，距大竹县城22公里，素称"竹海公园"。五峰山以竹为主题，竹类品种达30余个，主要景观为遮天蔽日、苍翠挺拔的楠竹景观，在川东地区的自然景区中以竹林规模大、竹品种多，森林植物多样、自然生态环境优良，特色鲜明而著称。主要景点有三友园、月宫桂、会峰楼、咏竹园、通天洞等。

● 华蓥山森林公园

摄影指数 ★★★

华蓥山国家森林公园位于四川盆地川东平行岭谷区华蓥山中段西麓，距重庆市100余公里，包括华蓥市的双河镇、天池镇、溪口镇、天池林场、东方红林场部分及瓦店乡范围。景观类型包括地貌、森林、水体、天象及人文景观等。其中地貌景观包括岩景、溶洞景观和峡谷景观三大类型。森林景观以水杉山庄最为典型，水景主要为瀑布和天池景观，其中玛硫岩瀑布高达126米，丰水季节瀑布宽约6~12米。天池湖是川东最大的高山喀斯特天然

湖泊，位于海拔640多米处，湖面面积250多公顷。天象景观包括佛光、日出、云海、圣灯等。该公园的人文景观也很丰富，主要有安丙墓、华蓥山游击队纪念馆及宝鼎景区的宗教人文景观等。华蓥山石林、南宋枢密院士安丙生祠也是重要的旅游景点。

影友贴士

　　华蓥山石林面积21平方公里，以喀斯特石林、天坑、溶洞景观为代表，因石林、杉林、云海、竹海、日出而闻名，夏秋两季很适合在这里拍摄。高登古刹位于景区最高峰，香火十分旺盛。这里是拍摄云海、竹海、日出的最佳位置。

● 三台郪江古镇

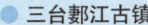

摄影指数★★★

　　郪江古镇位于四川绵阳三台县，是三台文化的发祥地，境内有战国时代郪王城和传说的郪王墓，遍及全镇的汉代至两晋时期的崖墓群为全国重点文物保护单位，唐宋

时代的摩崖造像，明清时期的古建筑民宅、街道、寺庙和石桥，无言地诉说着郪江那悠久绵长的历史。每年农历五月二十八日的城隍大帝出巡日，人们抬着城隍像盛大出巡，场面极为热闹。

距郪江古镇2公里的云台观是巴蜀地区的第二大道教圣地。路边的一座古牌坊告诉人们云台观到了，两棵枝繁叶茂的古榕树向游人指明了上山的道路。云台观在50年代就被列为省级的文物保护单位。

影友贴士

郪江镇的古街是这里拍摄的主要题材，其次云台观在当地很有名，也是一大拍点，云台观周围的自然景观也很有特色，每年农历五月二十八日的城隍庙会也是摄友进行民俗人文创作的绝佳题材。

● 遂宁观音故里

说中的"观音菩萨"。遂宁广德寺始建于汉，兴盛于唐，是中国最古老的观音道场。灵泉寺位于四川省遂宁市城东灵泉山，与广德寺隔涪江相望。寺庙依山而建，苍松古柏，绿树成荫。山间有一泉，色碧味甘，终年不溢不涸，名曰"灵泉"，每年农历二月十九、六月十九、九月十九分别是观音菩萨的生日、出家日和得道日，届时四方信徒云集，热闹非凡。

在遂宁广德寺的《广德寺志》明确记载有这样一段文字：相传很早以前西域有个劫国，劫王叫庄严，夫人叫宝应。他们过着游牧生活，后来南迁到了梁州的遂宁定居。劫王有三个女儿，分别叫妙欲、妙善和妙音。这就是传

🍴

广安美食很多，有"渠江大河鱼""三源鱼""华仔泡椒兔""武胜渣渣鱼""石锅鱼""罐煨三巴汤""山珍系列""翠湖土鸡"等。

广安川泽瓦罐煨汤食府
Ⓐ地址：广安市中心体育馆步行街
Ⓣ电话：0826-2352888

达州紫藤苑
Ⓐ地址：达州市中心红旗路
Ⓣ电话：0818-2138666

广安华仔特色酒家
Ⓐ地址：广安市广安区滨河路二段
Ⓣ电话：0826-2335840

达州绿满家火锅酒楼
Ⓐ地址：达州市朝阳东路315号二楼
Ⓣ电话：0818-2155339

广安随和豆腐庄
Ⓐ地址：广安市广安区平安大道
Ⓣ电话：0826-2321338

达州山里来口袋鸭桑树巷分店
Ⓐ地址：达州市通川区桑树巷55号
Ⓣ电话：0818-8089333

沿线住宿地点也很多，很便利。因行程原因多在景区内住宿，或广安、达州、南充、巴中住宿。

客栈招待所

通江商务旅馆
Ⓐ地址：巴中市通江县诺江中路
Ⓣ电话：0827-7234880

酒店

广安东阳国际酒店
Ⓐ地址：广安市广安区建安北路136号
　　　思源广场东侧
Ⓣ电话：0826-5106996

广安紫金山大酒店
Ⓐ地址：广安市广安区市人民医院旁
Ⓣ电话：0826-2220029

广安瑞苑大酒店
Ⓐ地址：广安市城南兴安下街83号
Ⓣ电话：0826-2339983

达州中恒君豪大酒店
Ⓐ地址：达州市朝阳西路178号
Ⓣ电话：0818-8096666

达州海琪商务酒店
Ⓐ地址：达州市荷叶街252号
Ⓣ电话：0818-2636666

万源银鑫大酒店
Ⓐ地址：达州市万源市秦川大道164号
Ⓣ电话：0818-8600220

大竹万源东湖国际酒店
Ⓐ地址：达州市大竹县东湖公园内
Ⓣ电话：0818-6136888

大竹唯客乐假日酒店
Ⓐ地址：达州市大竹县新华广场旁
Ⓣ电话：0818-8830888

大竹西城宾馆
Ⓐ地址：达州市大竹县青年路
Ⓣ电话：0818-6222305

宾馆饭店

西河宾馆
Ⓐ地址：南充市顺庆区西河中路128号
Ⓣ电话：0817-2236574

广安岷山世纪大饭店
Ⓐ地址：广安市金广大道88号
Ⓣ电话：0826-2336666

天府饭店
Ⓐ地址：广安市金安大道
Ⓣ电话：0826-2330888

达州宾馆
Ⓐ地址：达州市通川区荷叶街318号
Ⓣ电话：0818-2122347

达州市建华宾馆
Ⓐ地址：达州市通川区朝阳东路
Ⓣ电话：0818-2122043

巴中市江北宾馆
Ⓐ地址：巴中市江北大街中段86号江北大厦
Ⓣ电话：0827-5269918

巴中市高望都宾馆
Ⓐ地址：巴中市江北大道中段
Ⓣ电话：0827-7700333

通江宾馆
Ⓐ地址：巴中市通江县东街46号
Ⓣ电话：0827-7220335

通江凯源宾馆
Ⓐ地址：巴中市通江县通宣路寨子石街7号
Ⓣ电话：0827-7201540

万源望江宾馆
Ⓐ地址：达州市万源福鑫大道
Ⓣ电话：0818-8616968

便捷通讯

蓬安县文体旅游局： 0817 8626361
昭化古城管委会电话： 0839 3563006
阆中古城景区管理电话： 0817—6232778
南充旅游投诉电话： 0817—6232778
广元市旅游局电话： 0817—2666800
苍溪县文化体育旅游局电话： 0839—3305035
0839—5255555

Shige
诗歌田园Tianyuan

　　嘉陵江蓬安段被众多专家学者誉为"嘉陵江最典型、最具代表性、最有诗情画意的江段"，绿草茵茵，白鹭翻飞，野鸭成群，牛鸟和鸣，恰似一幅美不胜收的山水画卷。

信息：昭化古城门票58元/人。

线路交通

　　成都—309公里成南高速—南充—53公里—蓬安—78公里—仪陇—113公里—阆中—23公里—苍溪—120公里—广元—29公里—昭化—262公里—成都

　　成都—309公里成南高速—南充—43公里—西充—117公里—苍溪—181公里—仪陇—78公里—蓬安—72公里—南充—成都

　　这条线路比较好走，沿线城区道路、乡村公路和省道以及一些新修的高等级公路交错，道路状况不错，可以放心驾驶。

聚焦景区

● 南充

摄影指数★★★

　　南充历史悠久，是一座拥有2200多年建城史的历史文化名城，被誉为嘉陵江畔的一颗璀璨明珠，也是丝绸之都和水果之乡。享有"川北心脏""川北重镇"之称。神奇嘉陵江第一曲流是因为嘉陵江流经青居古镇时，因受阻于烟山，在青居古镇东面的上码头折向西，往南，再北上，经九曲回环的蜿蜒曲折17.5公里后，又回到了青居古镇东面的下码头，俗称359度回旋，环绕20平方公里"牛肚坝"，形成了罕见的"行船走一天，步行一袋烟"的地貌奇观。造就了美丽的曲流奇景——"嘉陵江第一曲流"，无论从水上、陆地还是高空均能感受到这一奇观的独特和魅力。

影友贴士

　　嘉陵第一曲流拍摄时一般都以青居古镇为核心地区，每到深秋，金黄色的柑橘挂满枝头，这是拍摄的好时节。古镇一年四季依然烟雾飘绕，老街从上到下，蜿蜒延伸长达近4公里，窄窄的街面只有10多米，街两边房屋都是青色瓦、木板拼门。下街的江岸边，成百上千的木船、机动船一字排开，很是壮观，可以乘船沿17.5公里曲流拍摄。

● **嘉陵第一江山 风水古城阆中**

阆中，位于四川盆地东北部，嘉陵江中游，战国时曾为巴国国都。阆中是中国四大古城之一，被誉为四川最大的"风水古城"，古建筑保存较好，素有"阆苑仙境""巴蜀要冲""天下第一江山""阆中天下稀""世界千年古县""国际最佳旅游度假胜地""中国春节文化之乡"等美誉。阆中宗教文化源远流长，伊斯兰教的圣地清真寺、巴巴寺，天主教遗迹天主堂，西南最大的基督教堂——阆中福音堂，以及道教的云台观、吕祖祠、八仙洞，佛教的大佛寺、观音寺、永安寺、五龙庙、圆觉寺、千佛寺、长青寺、净圣庵等，都有丰富的文化内涵。

影友贴士

　　阆中古城规模很大，在锦屏山上可以拍摄到古城全貌，一般夜景也是在这个方向拍摄为最佳角度。从古城方向往锦屏山方向拍摄，可以拍到著名的"阆苑仙境"景象。

　　云台山方向可以拍摄到古城红军楼、魁星楼、观星楼三楼在夕阳下的身影。桓侯祠俗称张飞庙，属三国文化拍摄题材；四川贡院展示了中国科举文化的底蕴，值得前往。西南最大的基督教堂——阆中福音堂是摄友十分喜爱的拍摄素材。

　　阆中古民居融合了北方四合院和江南园林建筑的特点，风格迥异的建筑群体也是摄友的最爱。孔家大院（孔子第76代孙）、张家大院、马家大院、蒲家大院是其中的精品。

　　阆中滕王阁中的唐代佛塔、元代建筑五龙庙、永安寺是著名的古迹，这是拍摄古建筑题材必不可缺的去处。到华光楼上感受"三面江光抱城廊，四围山势锁烟霞"的壮阔，丹青城廓和嘉陵山水尽收眼底，也是出片的好地方。

行摄嘉陵

● 嘉陵第一桑梓

"嘉陵第一桑梓"旅游区按国家4A级风景区规划，包括南充市蓬安县周口、锦屏、长梁、马回乡之间的嘉陵江江面及两岸古城、名山、田园及江边270公顷漫滩湿地，沿江有相如故城、周子古镇、龙角山、固州寨、漫滩湿地公园、太阳岛、月亮岛等，在这89公里长的江岸，江面时而宽阔，时而曲折，形成了典型的曲流、浅丘、湿地等奇特地貌，保存了最完好、最原生态的江上田园风光。旅游区拥有470公顷天然湿地，江心绿洲太阳岛、月亮岛。

影友贴士

千里嘉陵江流过蓬安县城后，在相如镇和锦屏镇之间形成两个巨大的江中岛屿，老百姓分别称它们为太阳岛、月亮岛。从暮春到初秋时节，每天清晨，上百头大水牛横渡嘉陵江，到岛上啃食青草；黄昏，牛儿不用牛倌吆喝，回游上岸。晨曦里，夕阳下，江水相依，牛头涌动。拍摄百牛渡江可以选择这两个岛为拍摄地。

周子古镇，兴起于南朝梁代，繁荣于唐代，至今已有1500余年历史，古镇三面环山一面环水，古镇的码头上，最吸引人眼球的当数嘉陵江渔民和江上的渔船，拍摄渔民早市是最主要的题材。

146

● 昭化古城

座古代县城城邑和保存最好的唯一一座三国古城。历史上有"蜀汉兴于昭化，亡于剑门"之说，现存三国遗迹俯拾皆是，诸如古驿道、葭萌古关、费祎墓、武侯祠、费敬侯祠、战胜坝、天雄关、牛头山、姜维井、桔柏古渡口、关索城、鲍三娘墓等国家、省、市级保护文物，风貌依旧，保存完整，实属全国少有。汉代的古城墙和明清时期的古城门、八卦井、龙门书院等古建筑保存完整。

广元市元坝区的昭化古城位于白龙江、嘉陵江、清江三江交汇处，其嘉陵江水在此洄澜，水系婉转，太极天成，有"天下第一山水太极"自然奇观之美誉。是迄今为止国内保存较好的一

 **影友贴士**

昭化古城的古城墙，城内明、清时代的古宅是一大拍点。城东1000米处的桔柏古渡口也是摄友必去的一个拍摄江景的拍摄点。 牛头山是拍摄"天下第一山水太极"自然奇观的观景台，只有那个地方才能拍摄到这一景观的全景。

● 苍溪梨花沟

每年春天，有中国雪梨之乡美誉的苍溪县，梨花漫山遍野的怒放。15万亩苍溪雪梨种植区，风姿绰约，清丽撩人。

 影友贴士

在苍溪梨花沟拍摄漫山遍野的梨花都是选择在当地梨花节时期前往（每年三月份举行）。

食 　南充美食很多，有名的是南充顺庆羊肉粉、牛肉凉面、油茶馓子、炸酱面 、川北凉粉、保宁蒸馍、牛羊杂碎面、旋子锅盔、糖烧馍 、牛肉水饺、三绝汤等等。蓬安的糍粑、河舒豆腐、下河街锅盔、岳池的米粉、汤圆也是当地特色。阆中美食素有"八怪"之称，"张飞牛肉熏黑卖，白糖蒸馍红章盖，男女吃醋不争风，窑压清酒飘四海，奉国大米做豆腐，油茶馓子赶早台，凉面套勺热臊子，出炉锅盔夹凉菜"，这些你都可以花时间慢慢地品尝。

阆中竹山老鸭
Ⓐ地址：阆中市碧玉街
Ⓣ电话：0817-6272999

阆中东河野生鱼庄
Ⓐ地址：阆中市保宁醋西路
Ⓣ电话：0817-6663120

阆中清逸居
Ⓐ地址：阆中市阆水中路
Ⓣ电话：0817-6662886

蓬安营山文化宫王凉面连锁店
Ⓐ地址：蓬安县政府街
Ⓣ电话：0817-8910597

蓬安烂鱼馆
Ⓐ地址：蓬安县悦庆街
Ⓣ电话：0817-8622696

蓬安内江回味面龙凤瓦罐烩汤
Ⓐ地址：蓬安县悦庆街
Ⓣ电话：0817-8607718

蓬安鹅掌府
Ⓐ地址：蓬安县悦庆街
Ⓣ电话：0817-8693338

蓬安陵江鲜汤锅
Ⓐ地址：蓬安县悦庆街
Ⓣ电话：0817-8699552

蓬安蒸菜大王
Ⓐ地址：蓬安县东风路
Ⓣ电话：0817-8686392

蓬安诸葛烤鱼
Ⓐ地址：蓬安县广场街
Ⓣ电话：0817-8629777

南充鸭脖王
Ⓐ地址：南充市顺庆区莲池路

南充送包子总店
Ⓐ地址：南充市顺庆区吉庆巷

南充老船王火锅作坊
Ⓐ地址：南充市柳林路（中华大厦旁）
Ⓣ电话：0817-2800999

南充川北凉粉
Ⓐ地址：南充市顺庆区步行街

南充龙凤瓦罐煨汤馆北湖店
Ⓐ地址：南充市顺庆区步行街
Ⓣ电话：0817-2240000

南充毛哥老鸭汤高坪店
Ⓐ地址：南充市中心阳春路
Ⓣ电话：0817-3353188

南充土鸡一绝
Ⓐ地址：南充市高坪区元宝街
Ⓣ电话：0817-3353376

苍溪忘情水鱼府
Ⓐ地址：广元市苍溪县东台街
Ⓣ电话：0839-5285888

苍溪蜀香乐
Ⓐ地址：广元市苍溪县兴贤街42号
Ⓣ电话：0839-8858027

沿线住宿地点很多，很便利。因行程原因建议在南充和蓬安以及阆中住宿。

客栈招待所

苍溪县汉昌招待所
Ⓐ 地址：广元市苍溪县电影院巷

南充西南石油学院招待所
Ⓐ 地址：南充市顺庆区油院路30号
Ⓣ 电话：0817-2642308

南充滨江车站招待所
Ⓐ 地址：四川省南充市顺庆区滨江中路
Ⓣ 电话：0817-2242403

宾馆饭店

南充北湖宾馆
Ⓐ 地址：南充市顺庆区文化路301号
Ⓣ 电话：0817-2229999

南充鹤鸣宾馆
Ⓐ 地址：南充市高坪区鹤鸣西路
Ⓣ 电话：0817-3342566

南充天胜学苑宾馆
Ⓐ 地址：南充市顺庆区涪江路234号
Ⓣ 电话：0817-2265555

蓬安宾馆
Ⓐ 地址：南充市蓬安县迎宾街
Ⓣ 电话：0817-8628999

蓬安人和宾馆
Ⓐ 地址：南充市蓬安县东风路
Ⓣ 电话：0817-8622129

蓬安相如饭店
Ⓐ 地址：南充市蓬安县相如大道
Ⓣ 电话：0817-8631888

苍溪县梨都宾馆
Ⓐ 地址：广元市苍溪县刘家巷
Ⓣ 电话：0839-5222009

酒店

南充明宇大酒店
Ⓐ 地址：南充市顺庆区北湖路9号
Ⓣ 电话：0817-2818618

南充天龙大酒店
Ⓐ 地址：南充市顺庆区金鱼岭路292号
Ⓣ 电话：0817-2690888

南充万泰大酒店
Ⓐ 地址：南充市顺庆区铁荣路2号
Ⓣ 电话：0817-2311888

南充团结商务大酒店
Ⓐ 地址：南充市顺庆区金鱼岭路2号
Ⓣ 电话：0817-8129988

阆中市金龙大酒店
Ⓐ 地址：阆中市商城路8号
Ⓣ 电话：0817-6268222

阆中市桃园国际大酒店
Ⓐ 地址：阆中市书院街保宁醋大街36号
Ⓣ 电话：0817-6251999

阆中市安阁瑞酒店
Ⓐ 地址：阆中市张飞北路张飞大道94号
Ⓣ 电话：0817-6269999

蓬安瑞泰商务大酒店
Ⓐ 地址：南充市蓬安县建设中路

苍溪天合大酒店
Ⓐ 地址：广元市苍溪县兴贤街

行摄嘉陵

三国文化

民族风情

古蜀道

民间艺术

Gudao
Tanyou

古道探幽

镜头聚焦

三国文化 *Sanguo Wenhua* \ 民族风情 *Minzu Fengqing*

民间艺术 *Minjian Yishu* \ 古蜀道 *Gushudao*

青川

平武

112

116

剑阁

剑门蜀道

广元

33.8

古蜀油关

巴郎景区

117

115

128

44.2

城北

北川

江油

74.8

72.7

40

60.1

梓潼

30

安县

绵阳

绵竹

54.2

51.3

窦圌山景区

什邡

26

德阳

三台

50

79.4

54

新都

23.6

成都市

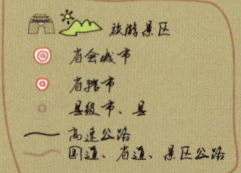

旅游景区
省会城市
省辖市
县级市、县
高速公路
国道、省道、景区公路

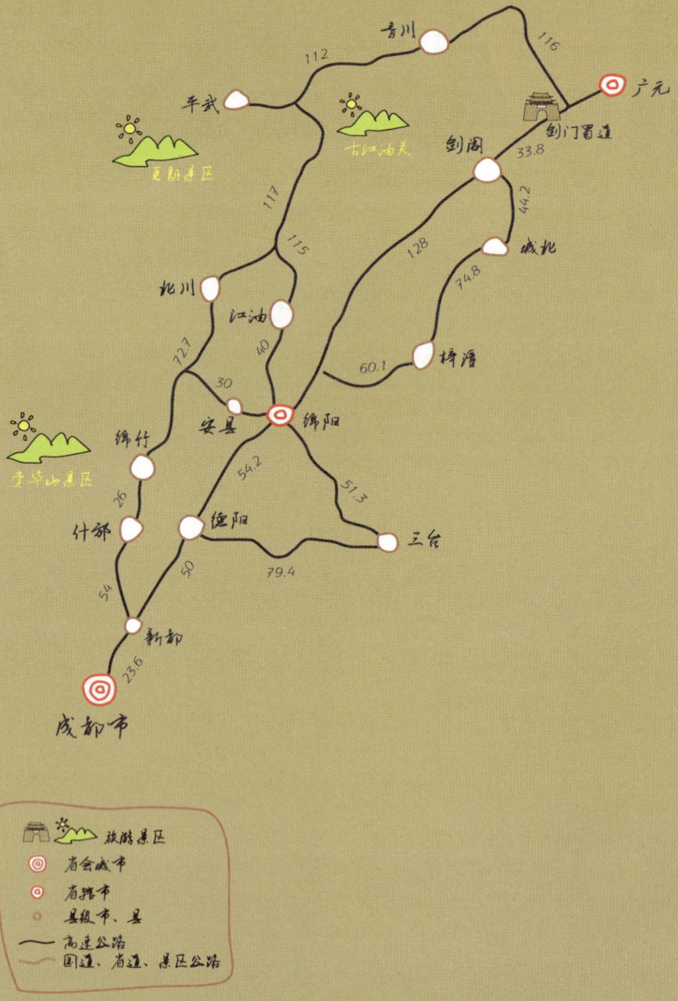

摄游线路精选

● **古蜀循迹**

年画之乡拍民俗，定焦蜀道明珠，览华夏诗城。

成都—什邡—绵竹—安县—江油—青川—剑阁—绵阳—德阳—成都

● **三国故道**

八百里蜀道，八百里柏影，透视三国故事。

成都—绵阳—剑阁—剑门蜀道—广元—千佛岩—广元—绵阳—成都

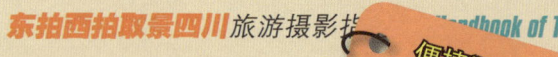

便捷通讯
绵竹市旅游局0838-6907622
绵阳市旅游局0816-2315358
江油市文化旅游局0816-3251272
平武县文化旅游局0816-8828820
青川县旅游局0839-7208975

Gudao
古道探幽 Tanyou

素有"李白故里，九寨门户，蜀道咽喉，华夏诗城"之称的江油市是这个区域的中心地段，上有"金三角"之称的青川，下有"天下七十二洞天福地之一"的绵竹。区域地处平原和山区交界，景色错落有致，四季均有可拍之处，独特的羌文化也是这一地区的一大亮点。

信息：蓥华山风景名胜区：30元/人，诸葛双忠祠10元/人，海绵生物礁国家地质公园20元/人，千佛山国家森林公园100元/人，白水湖10元/人，罗浮山40元/人，猿王洞风景区180元/人，佛爷洞景区40元/人，觉苑寺10元/人。

线路交通

成都—53公里成绵高速转广青公路—什邡—27公里成青公路—绵竹—67公里省道105转永安路—安县—62公里绵广高速转省道205—江油—125公里省道205—平武—115公里县道121—青川—98公里剑青公路—剑阁—138公里绵广高速—绵阳—121公里成绵高速—成都

这条线路均为高速公路和省道以及一些新修的高等级公路，道路状况很好，可以放心驾驶。

聚焦景区

● 什邡　　　　　　　　　　　　　　　摄影指数★★

什邡市位于德阳市西南部，距德阳市20公里。素有"川西明珠"美誉的什邡市，曾因大禹的足迹而享有"禹迹仙乡"之美誉，秦代著名水利学家李冰曾在此治水并仙逝于此，也是佛教南禅八祖马道一的故里，汉代名将雍齿的受封之地等等。蓥华山巍峨锦绣，清幽雅致的古刹——龙居寺乃后蜀王孟昶的消夏行宫，留春苑秉清代园林特色。西川佛都——罗汉寺因马祖在此出家而闻名海内外；战国船棺葬群、李冰陵园更昭示了什邡悠久的历史。

 影友贴士

在什邡主要是拍摄蓥华山，蓥华山过去是户外爱好者的天堂，现在开发出来后很适合风光拍摄。一般都是选择春夏前往，山下蓥华镇的乔家大院也是一个拍摄的好去处。

摄影指数 ★ ★ ★

● 绵竹

绵竹是中国著名的四大年画故乡之一。被誉为"天下七十二洞天福地之一"的绵竹有"六山一水三分田"的特点。诸葛双忠祠，是四川省重要的蜀汉遗迹之一。

古道探幽

影友贴士

到绵竹一定要去看看剑南春酒史博物馆，了解一下千年古酒的灿烂文化。城区里面的祥符寺，有八百罗汉，形态各异也是一大拍点。绵竹市年画馆也很有价值，馆藏物品很有民族特色，值得一拍。离城区不远还有一处玉妃泉，据说杨贵妃曾在此沐浴。

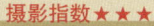

● 安县　　　　摄影指数★★★

　　安县距绵阳市10公里，是现代著名作家沙汀的故里，拥有海绵生物礁国家地质公园，省级风景名胜区白水湖、罗浮山、寻龙山闻名遐迩。围绕罗浮山温泉的卓越品质，已将安县打造为"温泉之都"。

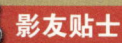

影友贴士

　　到安县可以先到白水湖拍摄，每年春、夏季节最美。冬天的罗浮山景色壮丽，雪山、温泉相配，云雾缭绕，很适合拍摄。

● 江油　　　　摄影指数★★

　　江油距绵阳市30公里。素有"李白故里，九寨门户，蜀道咽喉，华夏诗城"之称的江油市有云岩寺等国家级文物保护单位，有李白故里、红军纪念碑等省级文物保护单位。有窦团山、白龙宫、佛爷洞、观雾山、海灯武馆等旅游胜地。此外，附近还有佛爷洞景区、金光洞、猿王洞等名胜。

影友贴士

到江油市区附近主要拍摄李白故里、白龙宫、佛爷洞、观雾山、海灯武馆等，一年四季均可拍摄。佛爷洞景区、金光洞、猿王洞适合夏秋季节前往拍摄。

摄影指数 ★ ★ ★

● 平武

平武县位于绵阳北部，距绵阳市100公里左右，有"报恩寺""王朗自然保护区""泗耳自然保护区""小河沟自然保护区""北山公园""龙池坪森林公园""白马民族风情"等多处景区。

影友贴士

　　平武的报恩寺规模宏大，气势雄伟，是目前四川省规模最大、我国保存最完整的明代古建筑群之一，报恩寺布局结构酷似北京紫禁城，所以又称"深山故宫"。王朗国家级自然保护区是全国建立最早的四个以保护大熊猫等珍稀野生动物及其栖息地为主的自然保护区之一，以大窝凼、竹根岔为主要拍摄地区，适合夏秋两季前往拍摄。

● 青川

影友贴士

青川的阴平古道、白水关是主要的拍摄点，主要是拍摄古道、遗迹之类的题材。

青川距广元市120公里。素有"鸡鸣三省""金三角"之称的青川县历史悠久，文物古迹甚多。青川县名因"其水清美"而得，古时是秦陇入蜀之咽喉，为历代兵家之争，商贾必经之地。氐人曾在此建"仇池国"，历史上著名的阴平古道、景谷道、马鸣阁道，横穿县境东西，连接古丝绸之路。三国时著名的"蜀中三关"之一的白水关雄踞县城东南。白龙湖的"秀"，唐家河自然保护区的"稀"，阴平古道的"奇"，战国墓群和文物古迹的"古"，构成青川绚丽多彩、独具特色的旅游资源。

● 剑阁县

摄影指数 ★ ★ ★

剑阁县位于四川盆地北缘，距广元市65公里，地处川、陕、甘三省结合部，守剑门天险，李白有"剑阁峥嵘而崔嵬，一夫当关，万夫莫开"的名句。剑阁是八百里翠云廊三国遗迹的重要节点。觉苑寺始建于唐贞观年间，名弘济寺，宋元丰年间赐名觉苑寺。

影友贴士

这个地区景色以三国文化为主，是古蜀道最著名的路段，从梓潼县过去沿途不时可见上千年的古柏林。觉苑寺古朴，大雄殿有彩绘藻井，色彩鲜艳。殿内有壁画10幅，绘有释迦年谱画，各幅画像皆庄严美妙，栩栩如生。所画楼台亭阁，壮丽辉煌。为蜀中明代壁画的佳作，值得摄友留影。

这一路吃饭首选绵阳、江油、剑阁。

绵竹珠阁亮特色火锅
Ⓐ地址：绵竹市小北街小东巷58
Ⓣ电话：0838-6202233

绵竹香又来串串
Ⓐ地址：绵竹市仿古街
Ⓣ电话：0838-5988368

绵竹飞虎烧烤庄
Ⓐ地址：绵竹市胜利街
Ⓣ电话：0838-8165108

绵竹火焰山烧烤城
Ⓐ地址：绵竹市滨河路
Ⓣ电话：0838-6901158

安县实惠特色饭店
Ⓐ地址：绵阳市安县文苑路东段
Ⓣ电话：0816-3965759

安县高老庄特色火锅
Ⓐ地址：绵阳市安县安州大道东段
Ⓣ电话：0816-6992697

江油重庆快意江湖特色中餐馆
Ⓐ地址：绵阳市江油市诗城路中段
Ⓣ电话：0816-3227222

江油三多寨自贡小河帮川菜
Ⓐ地址：江油市渝州路恒丰园三期
Ⓣ电话：0816-2373932

江油天锅辣翻天
Ⓐ地址：江油市涪江路中段
Ⓣ电话：0816-3259222

江油聚龙砂锅居
Ⓐ地址：江油市涪江路中段
Ⓣ电话：0816-3250222

剑阁荣盛餐厅
Ⓐ地址：广元市剑阁县剑门关镇
Ⓣ电话：0839-6750396

剑阁刘老五餐厅
Ⓐ地址：广元市剑阁县剑门关镇
Ⓣ电话：0839-6750600

青川武陵源山珍火锅居
Ⓐ地址：广元市青川县乔庄镇

青川鸿运酒楼
Ⓐ地址：广元市青川县秦兴街
Ⓣ电话：0839-7207644

江油住宿方便，江油国际大酒店、虹桥商务酒店等等都不错。

客栈招待所

青川秀泉旅店
Ⓐ地址：广元市青川县青剑路附近

江油悦来旅馆
Ⓐ地址：绵阳市江油市陕西街
Ⓣ电话：0816-3262268

江油华东旅馆
Ⓐ地址：绵阳市江油市东胜路
Ⓣ电话：0816-3225575

宾馆饭店

青川宾馆
Ⓐ地址：广元市青川县秦兴街173号
Ⓣ电话：0839-7202538

剑阁勇娃子饭店
Ⓣ电话：0839-6750521

广元银河宾馆
Ⓐ地址：广元市利州区则天路260号
Ⓣ电话：0839-3603888

广元广通宾馆
Ⓐ地址：广元市市中区则天路
Ⓣ电话：0839-3606669

广元蓝天宾馆
Ⓐ地址：广元市广轮镇
Ⓣ电话：0839-8530878

江油明月村宾馆
Ⓐ地址：江油市文风街
Ⓣ电话：0816-3256780

江油玉树宾馆
Ⓐ地址：江油市中坝广场北街
Ⓣ电话：0816-3220388

酒店

江油国际大酒店
Ⓐ地址：绵阳市涪城区花园北街1号
Ⓣ电话：0816-3233333

江油虹桥商务酒店
Ⓐ地址：江油市涪江路中段88号
Ⓣ电话：0816-3279888

江油诗仙园大酒店
Ⓐ地址：江油市花园路中段花园中街
Ⓣ电话：0816-3223633

青川东盛酒店
Ⓐ地址：广元市青川县劳动街

广元国际大酒店
Ⓐ地址：广元市东城开发区苴国路555号
Ⓣ电话：0839-3296188

广元利州大酒店
Ⓐ地址：广元市利州区政府街109号
Ⓣ电话：0839-3286666

广元喜来登商务休闲中心
Ⓐ地址：广元市利州区则天路228号
Ⓣ电话：0839-3600000

广元钟会故垒大酒店
Ⓐ地址：广元市剑阁县108国道关楼
Ⓣ电话：0839-6458221

广元天豪酒店
Ⓐ地址：广元市市中区南河敬国路
Ⓣ电话：0839-3501777

古道探幽

便捷通讯

绵阳市旅游局：0816-2315358
广元市旅游局：0839-3305035
德阳市旅游局：0838-2302102
剑门关景区管委会：0839-6750967

Sanguo
三国故道 Gudao

剑门蜀道，以剑门关为核心，北起陕西宁强，南到成都，全长450公里，诗人笔下的"蜀道难难于上青天"就是指的这条故道。

信息：皇泽寺门票50元/人，千佛崖门票80元/人，德阳文庙门票25元/人，七曲山大庙门票40元/人，剑门关翠云廊门票50元/人，明月峡门票10元/人，剑门关门票50元/人。

线路交通

成都—116公里成绵高速—绵阳—132公里绵广高速—剑阁—83公里绵广高速—广元—绵阳—成都

这条线路全是高速公路和省道以及一些新修的高等级公路，道路状况很好，可以放心驾驶。

聚焦景区

● 剑门蜀道

摄影指数★★★

剑门蜀道是首批国家级风景名胜区。剑门蜀道沿线三国文化积淀深厚，庞统、蒋琬、姜维、邓艾、马超、鲍三娘等在此留下了精彩的故事；剑门蜀道沿线古迹众多，三星堆遗址、德阳文庙、昭化古城、七曲山大庙、皇泽寺、千佛崖等都是重要文物；剑门蜀道沿线美景密布，富乐山四季繁花似锦，翠云廊古柏八百里，明月峡"飞梁架绝岭"。

古道探幽

影友贴士

这个地区景色以三国文化为主，沿线全是三国古迹。剑门蜀道贯穿整个线路，几大名城坐落其间。自然风光、人文景观交相辉映。可拍摄主题很多，需要慢慢咀嚼才能表现。

● 剑门关

摄影指数 ★ ★ ★

剑门关，位于四川省剑阁县城南15公里处，地处四川盆地北部边缘断褶带，大、小剑山中断处，两旁断崖峭壁，峰峦似剑，两壁对峙如门，故称"剑门"，是我国最著名的天然关隘之一，享有"剑门天下险""天下第一关""蜀之门户"之美誉。

影友贴士

剑门关是剑门蜀道国家重点风景名胜区的核心景区，是剑门关国家森林公园的主体部分。剑门细雨、梁山松涛、夕照绝壁、雪染翠云称为剑门四景，是摄影人最为关注的景致。剑门关楼、后关门、梁山寺、仙峰观、古剑溪桥、志公寺都是拍摄的好位置。

德阳文庙

德阳文庙以其宏大的规模，完整的建筑群，严谨的布局，成为我国西部地区文庙的代表性建筑，在全国文庙中占有重要地位，素有"德阳文庙甲四川"之称。

影友贴士

德阳文庙规模大，保存完整，特点突出，这在全国也不多见。建筑是这里重要的拍摄元素。每年农历八月二十七日有大型祭孔活动，到时可观赏场面盛大、古朴典雅的仿古祭孔乐舞，这时正是拍摄人文的好机会。

七曲山大庙

七曲山位于绵阳市梓潼县城北郊，作为中华文昌文化的发祥地，七曲山大庙的价值是"唯一"的。"北有孔子，南有文昌"。科举之前学子一定要去文昌宫拜祭文昌帝君，梓潼七曲山大庙便是这一文化的祖庭。

影友贴士

七曲山大庙是全国文昌帝君的发祥地，故又称帝乡。时雨亭、白特殿、瘟祖殿、启圣宫、桂香殿、百尺楼为主要建筑，也是摄友拍摄的主要对象。每年农历二月初一至农历二月十五这里将举办大庙庙会，现场活动很多，持续时间也很长，也是摄友一大拍点。

● 翠云廊

影友贴士

这里是中国最大的纯古柏林，最老的"寿星皇柏"有2100岁，其中在梓潼县七曲山就形成了一条10多公里的"绿色长廊"。夏天是最佳拍摄季节。

　　翠云廊位于四川广元市剑阁县和绵阳市梓潼县，以剑阁县部分为主体部分。翠云廊以剑阁为中心，西至梓潼，北到昭化，南下阆中，三条路蜿蜒三百里，全是林荫道，号称"三百长程十万树"。树为柏树，民间又称"皇柏"，亦称"张飞柏"，经过历朝历代无数劫难，留存至今的古柏，还有8000多株。最大的需8人合围，小的也要3～4人方可抱拢。

古道探幽

167

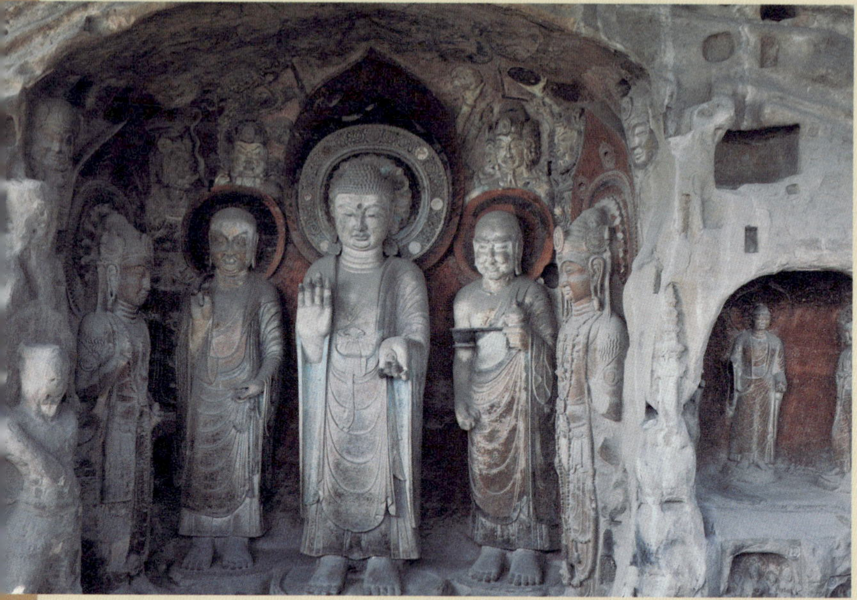

皇泽寺

摄影指数★★

皇泽寺是中国唯一的女皇帝——武则天的祀庙，位于四川省广元城西嘉陵江畔，属国家级重点文物保护单位。而今，皇泽寺内保存着开凿于北魏至明清的6窟、41龛、1203躯摩崖石刻造像及其历代碑刻，不仅有极高的文物价值，而且有极高的观赏和研究价值，更被专家们誉为中华传统文化的瑰宝。

影友贴士

在乌龙山上可以拍摄嘉陵江远景，则天殿、大佛楼、五佛亭是皇泽寺主要建筑，也是拍摄的主体，洞窟摩崖石刻也是很好的拍摄元素。

食

吃饭选择在广元、剑阁、绵阳都不错。

广元琴台大酒楼
A地址：广元市利州区滨河北路
T电话：0839-3270077

广元苦蕌鸭子火锅店
A地址：广元市利州区天成路
T电话：0839-3500050

广元川山甲火锅店
A地址：广元市利州区蜀门北路79号
T电话：0839-3242288

宿 绵阳住宿十分方便，绵阳绵州酒店、王子大酒店、子云大酒店、富乐山九洲国际酒店、桃源大酒店等等都很好。广元住宿也很便利，广元宾馆、凤台宾馆、国际大酒店、天豪酒店都不错。

客栈招待所

广元市卫生局招待所
Ⓐ地址：广元市利州区利州东路一段

广元电力招待所
Ⓐ地址：广元市利州区天成路

绵阳新万兴招待所
Ⓐ地址：绵阳市涪城区普明中街25号
Ⓣ电话：0816-2534695

绵阳宏发客栈
Ⓐ地址：绵阳市涪城区双碑中街

绵阳山河旅馆
Ⓐ地址：绵阳市涪城区普明中路
Ⓣ电话：0816-2549919

宾馆饭店

广元宾馆
Ⓐ地址：广元市市中区烟波街1号
Ⓣ电话：0839-3218772

广元凤台宾馆
Ⓐ地址：广元市利州区滨河南路
Ⓣ电话：0839-3503218

绵阳名人宾馆
Ⓐ地址：绵阳市中心普明北路东段
Ⓣ电话：0816-8084865

绵阳华安宾馆
Ⓐ地址：绵阳市涪城区火炬西街北段
Ⓣ电话：0816-2533333

酒店

绵阳绵州酒店
Ⓐ地址：绵阳市临园路东段62号
Ⓣ电话：0816-6350999

绵阳王子大酒店
Ⓐ地址：绵阳市临园路西段25号
Ⓣ电话：0816-6358999

绵阳子云大酒店
Ⓐ地址：绵阳市临园路西段26号
Ⓣ电话：0816-2371489

绵阳长虹大酒店
Ⓐ地址：绵阳市火炬广场西街北段89号
Ⓣ电话：0816-2416666

绵阳富乐山九州国际酒店
Ⓐ地址：绵阳市游仙区芙蓉路一段1号
Ⓣ电话：0816-2284888

绵阳桃源大酒店
Ⓐ地址：绵阳市临园路中段76号
Ⓣ电话：0816-6358888

广元国际大酒店
Ⓐ地址：广元市市中区苴国路555号
Ⓣ电话：0839-3296166

广元天豪酒店
Ⓐ地址：广元市市中区南河敬国路
Ⓣ电话：0839-3501777

Chuannan
川南竹影
Zhuying

镜头聚焦

竹韵 *Zhuyun* / 酒香 *Xiangjiu*
恐龙 *Konglong* / 石刻 *Shike* ▶

竹韵

酒香

恐龙

石刻

川南竹影

Chuannan Zhuying

导游图 〉〉〉

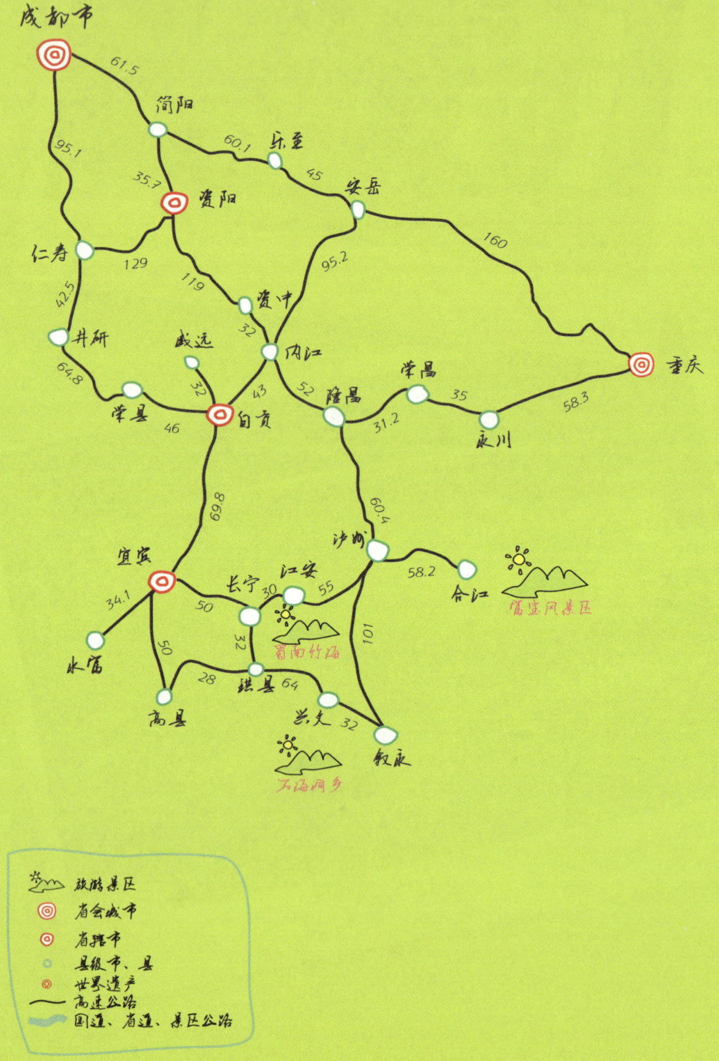

成都市

61.5

简阳

95.1   35.7   60.1   乐至

资阳   45   安岳

仁寿   129   95.2   160

42.5   119

井研   资中

64.8   威远   32   重庆

荣县   32   内江   荣昌

46   自贡   隆昌   35   58.3

43   52   31.2   永川

869   60.4

宜宾   沙河

34.1   长宁   江安   58.2

30   55   合江

50   32   蜀南竹海   宜宾风景区

永富

50   101

28   珙县   64

高县   兴文   32

叙永

石海洞乡

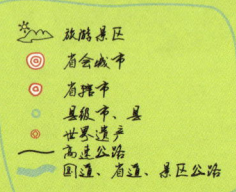

旅游景区

省会城市

省理市

县级市、县

世界遗产

高速公路

国道、省道、景区公路

摄游线路精选

● **竹海听涛**

郑板桥的竹，《卧虎藏龙》的竹，再看看你拍的竹。

成都—资阳—内江—宜宾—蜀南竹海—兴文—李庄—宜宾—内江—成都

● **龙之故乡**

侏罗纪的龙，唐盛的佛，北宋的石刻，用光圈断代。

成都—资阳—威远—荣县—自贡—富顺—隆昌—内江—安岳—乐至—简阳—成都

● **赤水摄旅**

趟过酒的河流，显影微醺的彼岸。

成都—内江—泸州—叙永—古蔺—合江—福宝古镇—合江—泸州—成都

便捷通讯

泸州市旅游局0830-3193382
宜宾市旅游局0831-8200021
兴文石海景区管委会0831-8622118
蜀南竹海风景名胜区管理局0831-4980561

Zhuhai
竹海听涛 Tingtao

不是因为有了竹海才有了丹霞的岸，而是因为有了丹霞的大地才有了竹海的恣意铺展。红与绿，海与岸，在竹海是绝配。

又见喀斯特。石头在兴文写了一部波澜壮阔的史诗，就看你怎么读。

信息：蜀南竹海门票：90元/人，兴文石海洞乡门票：90元/人，李庄不收门票，夕佳山也是免费开放。

线路交通

成都—162公里成乐高速—乐山—138公里乐宜高速—宜宾—78公里竹海路—蜀南竹海—61公里古高路转兴威路—兴文—93公里古高路—江安—53公里省道308—泸州—102公里隆纳高速转成渝高速—内江—188公里成渝高速—成都

成都经资阳到内江为高速公路，内江到宜宾为高速公路，再到长宁竹海、兴文石林均为高等级公路。道路状况良好。

聚焦景区

● 蜀南竹海

摄影指数 ★★★★

蜀南竹海位于宜宾市东南68公里处。翠甲天下的蜀南竹海，共有八大主景区134处景点，是我国最具规模的集山水、竹海、溶洞、湖泊、瀑布于一体的自然与历史风景区之一。其中天皇寺，天宝寨、仙寓洞、青龙湖、七彩飞瀑、古战场、观云亭、翡翠长廊、茶化山、花溪十三桥等景观被称为"竹海十佳"。这里也是我国著名的丹霞地貌观赏区之一。

影友贴士

　　蜀南竹海集竹景、山水、溶洞、湖泊、瀑布于一体，兼有历史悠久的人文景观，可拍点不少。观云亭、青龙湖、海中海、七彩飞瀑、仙女湖、翡翠长廊为自然风光拍摄点，以仙寓洞、天宝寨、天皇寺为人文主题拍摄点，观云亭、七彩飞瀑、天宝寨位置适合拍摄远景。同时影友还可关注丹霞地貌的特别之处进行拍摄。

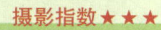

摄影指数 ★ ★ ★

● 石海洞乡

　　石海洞乡距宜宾市兴文县25公里，风景区东接泸州，西通宜宾，是我国喀斯特地貌发育最完善的地区之一。地面怪石林立，如云南路南石林；地下溶洞纵横，似桂林芦笛迷宫。集天下奇观于一地，上下相映，与竹海、恐龙、悬棺并列为"川南四绝"。

川南竹影

● 李庄

摄影指数 ★★★

素有"万里长江第一古镇"之美称的中国历史文化名镇—李庄，距宜宾市区19公里，因镇境内有一天然大石柱俗名"李庄"而得名。位于长江零公里下游19公里的南岸之滨，至今已有1460年建置史。抗战时期诸多一流大学迁学于此，更为李庄平添了一抹传奇色彩。

176

影友贴士

　　李庄主要拍摄名居和人文景观，烧李庄草龙，三江日落、传统龙舟、秧歌、腰鼓、牛儿灯、川剧民间表演，寻古镇四绝：魁星点斗、旋螺古殿、白鹤奇窗、九龙石碑这些都是拍点。注意这里的夜景很美丽，需要配置三脚架和快门线。

● 夕佳山

摄影指数 ★ ★ ★ ★

夕佳山古民居是我国目前保存最完整的古代民居建筑群之一，系全国重点文物保护单位，被誉为"中国民间建筑活化石""传统文化的大宝库""天然鹭鸟公园""川南农耕文化的缩影"等。

 影友贴士

夕佳山古民居是一个很完整的古代民居建筑群，拍摄以人文题材为主，古居附近景色为川西典型田园式格局，也很有拍摄的价值。

宜宾鸭棚子老鸭汤
Ⓐ地址：宜宾市滨江路怡安大厦
Ⓣ电话：0831-8210829

宜宾鹅掌门
Ⓐ地址：宜宾市翠屏区叙府路西段5号
Ⓣ电话：0831-2327808

宜宾松林山庄
Ⓐ地址：宜宾市中段
Ⓣ电话：0831-8881588

宜宾李记豆腐庄
Ⓐ地址：宜宾市建国路27号
Ⓣ电话：0831-2331938

宜宾李庄风雅楼
Ⓐ地址：宜宾市滨江路
Ⓣ电话：0831-2442000

竹海世外桃源度假酒店中餐厅
Ⓐ地址：宜宾市长宁县联山春
Ⓣ电话：0831-4999999

长宁袁记烂眼排骨
Ⓐ地址：宜宾市长宁县利民路附近
Ⓣ电话：0831-3802020

长宁芋儿鸡 鲜鸡汤
Ⓐ地址：宜宾市长宁县新华街附近
Ⓣ电话：0831-4621981

泸州餐厅
Ⓐ地址：泸州市慈善路附近
Ⓣ电话：0830-2287275

泸州九品风山珍宝
Ⓐ地址：泸州市连江路三段9号
Ⓣ电话：0830-3104879

泸州艺夫天下火锅食府
Ⓐ地址：泸州市仁和路
Ⓣ电话：0830-2395333

泸州伊顿宝芝苑
Ⓐ地址：泸州市江阳西路附近
Ⓣ电话：0830-3158111

宿

宜宾住宿很多，可选择华荣酒店、西苑宾馆、酒都饭店、鲁能速8酒店、宜宾大酒店等入住。竹海景区可以联系蜀南竹海大酒店、七彩山庄、翠竹亭度假村。石海洞乡风景区可入住兴文大酒店、银峰宾馆、洞乡大酒店。江安县可以住竹都大酒店、红园大酒店、宜宾永安大酒店等。

客栈招待所

长宁县七彩山庄
A 地址：宜宾市长宁县万里镇
T 电话：0831-4979121

长宁县翠竹亭度假村
A 地址：宜宾市长宁县万里镇
T 电话：0831-2739298

宜宾财政局招待所
A 地址：宜宾市小北街9号
T 电话：0831-8234853

宜宾南龙旅社
A 地址：宜宾市商贸路117附3号
T 电话：0831-2332093

泸州工商招待所
A 地址：泸州市江阳区江阳南路
T 电话：0830-2805198

宾馆饭店

泸江宾馆
A 地址：泸州市江阳区慈善路
T 电话：0830-2396558

泸江百汇宾馆
A 地址：泸州市江阳区新马路171号
T 电话：0830-2293996

宜宾西苑宾馆
A 地址：宜宾市翠屏区复兴街13号
T 电话：0831-8188808

宜宾酒都饭店
A 地址：宜宾市翠屏区专署街50号
T 电话：0831-8188888

兴文县银峰宾馆
A 地址：宜宾市兴文县香山路44号
T 电话：0831-8828888

酒店

宜宾华荣酒店
A 地址：宜宾市长江大道东段67号
T 电话：0831-2399668

宜宾鲁能速8酒店
A 地址：宜宾市翠屏区南岸
T 电话：0831-8183333

宜宾大酒店
A 地址：宜宾市马掌街20号
T 电话：0831-8186666

长宁县蜀南竹海大酒店
A 地址：宜宾市长宁县蜀南竹海
T 电话：0831-4979666

兴文县兴文大酒店
A 地址：宜宾市兴文县建国大道
T 电话：0831-8834065

兴文县洞乡大酒店
A 地址：宜宾市古宋镇香山西路221号
T 电话：0831-8828588

江安县竹都大酒店
A 地址：宜宾市江安县中心路
T 电话：0831-2622928

江安县红园大酒店
A 地址：宜宾市江安县竹都大道中段
T 电话：0831-2631333

便捷通讯

自贡市旅游局: 0813-2202124
资阳市旅游局: 0832-6666345
内江市旅游局: 0832-2022519

Longzhi
龙之故乡 Guxiang

　　侏罗纪的龙不像是一个传说，北宋的大佛以庄严宝像凌驾凡尘。这里曾经是四川香火最盛的地域，暮鼓晨钟，耕读传家，深院抑或茅舍，都是雅俗难辨的岁月底片。

> 信息：自贡恐龙博物馆40元/人；自贡盐业博物馆20元/人；自贡西秦会馆10元/人；荣县大佛寺10元/人；富顺文庙10元/人；圆觉洞20元/人；千佛寨8元/人；卧佛院12元/人；黄葛大佛景区2元/人；华严洞12元/人；毗卢洞15元/人；龙门报国寺8元/人。

 ## 线路交通

　　成都—96公里成渝高速—资阳—98公里成渝高速转321国道—威远—74公里305省道—荣县—48公里305省道—自贡—32公里206省道—富顺—42公里305省道—隆昌—46公里成渝高速—内江—78公里206省道—安岳—46公里319国道—乐至—62公里318国道—简阳—64公里成渝高速—成都

　　这条线路全是高速公路和省道以及一些新修的高等级公路，道路状况很好，可以放心驾驶。

 ## 聚焦景区

● 自贡　　　　　　　　　　　　　摄影指数 ★★★

　　自贡，位于四川省的南部，有"富庶甲于蜀中"之誉。既有千载盐都的盛誉，又有恐龙之乡的称谓，亦有南国灯城的美名，1986年，自贡市由国务院颁定为国家历史文化名城，其后又相继被批准为

川南竹影

省级风景名胜区、国家对外开放城市和全国卫生城市。大山铺恐龙化石群遗址位于四川省自贡市东北郊约11公里的大山铺镇旁，是一个富集中侏罗世恐龙及其他脊椎动物化石的遗址群，是我国最重要的恐龙化石埋藏地，也是世界上最重要的古生物化石埋藏地之一。自贡市区内的西秦会馆属全国重点文物保护单位，寺名武圣宫，主供关帝神位，亦称关帝庙，俗称陕西庙。在中轴线上布置主要建筑，四周以廊墙及其他建筑组成有纵深、有层次的5个大小院落群体。

影友贴士

在自贡主要拍摄恐龙博物馆、盐业博物馆、西秦会馆，因大部分都是室内，光线不好，必须使用三脚架拍摄，每年春节期间是拍摄远近闻名的自贡灯会的最佳时间。

● 荣县大佛

荣县大佛寺坐落在四川省荣县城郊大佛山(亦称真如岩)山麓，是一尊巍峨的石刻如来坐佛佛像，世称荣县大佛。佛身通高36．67米，头长8.76米，肩宽12.67米，膝高12米，脚宽3.5米，仅次于乐山弥勒大佛，为中国第二石刻大佛。

影友贴士

大佛山虽然不高，但是景色很好。荣县大佛依山而刻，然后再修寺将佛像下半身罩住。拍摄远景很适合，近处时，只能进入寺庙在楼梯上拍摄，位置很窄，需要超广角才行。

● 富顺文庙

　　富顺文庙位于富顺县城中心，始建于北宋庆历四年（公元1044年），主供孔子，时称"文宣王庙"，并在庙内立石质"雁塔碑"，以刻全县历次中试者的名字。宋代在雁塔刻名的进士即有67人之多。

影友贴士

　　富顺文庙主要拍摄书院、牌坊、雁塔等，拍摄以建筑结构、雕刻为主。

● 隆昌石牌坊

摄影指数 ★ ★ ★

影友贴士

　　隆昌石牌坊街现存石牌坊共17座，石碑4座，分别分布在隆昌县城北关和南关，其中北关（道观坪）7座，南关（春牛坪）6座，另有4座分布在相应村镇。摄友应该不放过任何一座牌坊的拍摄，因为每一座都有它深厚的文化所在。

　　隆昌位于川渝交界处，号称"中国石牌坊之乡""青石文化城"，隆昌县境内有省级古宇湖风景名胜区，由金鹅镇景区、古宇湖景区、云顶风景区和圣灯山景区四组风景名胜连连而成，合称"一城一湖两架山"。另还有两个县级风景旅游区，大佛坎风景旅游区、黑水凼风景旅游区。

● 安岳石刻

摄影指数 ★ ★ ★ ★

　　安岳石刻"古多精美"。特别是始建于南北朝（公元521年）的摩崖石刻造像，在我国石窟艺术中居于"上承云冈、龙门石窟，下启大足石刻"的重要地位，安岳石刻现存"古、多、精、美"的摩崖石刻造像130余处，10万余尊，其中有全国重点文物保护单位2处——卧佛院、毗卢洞，省级文物保护单位9

影友贴士

　　拍摄安岳石刻，以卧佛院、毗卢洞为主，千佛寨、千佛崖、华严洞为辅。这几处的石刻很有代表性。

处——圆觉洞、千佛寨、华严洞、茗山寺、木门寺、玄妙观、高升大佛、千佛崖、孔雀洞。

● 仙市古镇

仙市古镇位于自贡富顺县城西北27公里处，"仙女下凡卧河边，金银首饰撒满滩；玉带长河千帆掠，玉树翠竹舞翩跹。虎牵象鼻鹦鹉欢，狮子回头望牡丹；天潭河内朝鼓响，桥墩坝上会神仙"，这首民谣，道尽了仙市古镇的美丽。这里有保存完好的"四街、五栅、五庙、一祠、三码头"是我国古镇建筑风格和设计思想完美统一的代表，被誉为"川南场镇风情的标本"。

影友贴士

镇区内打铁、弹棉花、纺线、捕鱼等各类传统精湛手工技艺和传统的节日龙灯、花轿迎亲、钟馗庙会、街头茶馆、川剧玩友、长竿旱烟等民俗民风传承完整，别具风情，这些都是摄影需要关注的元素。

● 罗泉古镇

影友贴士

罗泉古镇现在保留下来的古迹不多，建议摄友选择春天油菜花开时前往拍摄。

罗泉古镇坐落在四川仁寿、威远、资中三县交界的深丘之中，距球溪河20公里左右，沱江支流球溪河从镇边缓缓淌过。它的闻名得于清朝中叶盐井的发现。从公路上往下看罗泉，镇子的形制宛若一条正月里舞动的游龙。漫步于罗泉宽约4米、长500米、由青石条铺成的街巷，看到优雅而古朴的古建民居，能使人感受到小镇古老而淳朴的气息。

● 铁佛古镇

铁佛古镇位于资中与威远交界处的景尼山上，距资中城西24公里，因建有铁佛寺而得名。铁佛古镇属浅、深丘过渡地带，清代老街依山就势，有保存完好的清青峨书院等，属省重点文化名镇。古镇由上街、中街、下街、禹王街、猪槽街、新街组成。古镇老街依山势三层布局，形似镰刀，呈线状延伸，保存了清建民宅有封火墙，屋檐斗拱，挑枋雕刻的特色。在古镇人们过着淡泊的日子，寺庙和有天井的老房子开的茶馆是老人们最爱去的地方，摆龙门阵时夹杂着福建、广东、江西的声腔，其中最多的就是客家话。

影友贴士

古街上留下的这些明清民居，屋檐斗拱，挑枋雕刻，这应该是铁佛古镇建筑的一个特点，也是摄影需要表现的重要内容。广东会馆南华宫、江西会馆万寿宫、福建会馆天后宫及川主庙，以其高大巍峨而独领风骚，是拍摄的主要场面。

川南竹影

187

威远红油抄手
Ⓐ地址：内江市威远县东街
Ⓣ电话：0832-8237270

威远唐门香锅一族
Ⓐ地址：内江市威远县人民政府旁
Ⓣ电话：0832-8182448

威远崇尚阁白果乌鸡汤
Ⓐ地址：内江市威远县东街
Ⓣ电话：0832-8683923

荣县竑鑫牛肉馆
Ⓐ地址：自贡市荣县二医院旁
Ⓣ电话：0813-6204420

荣县天府鱼庄
Ⓐ地址：自贡市荣县荣新金碧城旁
Ⓣ电话：0813-5608123

荣县双溪农家菜
Ⓐ地址：自贡市荣县荣州西苑商业城对面
Ⓣ电话：0813-6110591

自贡老渔溪鱼馆
Ⓐ地址：自贡市汇东新区丹桂大街
Ⓣ电话：0813-8206098

自贡三把伞牛肉汤
Ⓐ地址：自贡市五星街
Ⓣ电话：0813-2102728

自贡九品风山珍宝
Ⓐ地址：自贡市汇东路附近
Ⓣ电话：0813-8111913

自贡川江号子火锅食府
Ⓐ地址：自贡市丹桂大街附近
Ⓣ电话：0813-8215558

隆昌杏花村
Ⓐ地址：内江市隆昌县宝峰巷36
Ⓣ电话：0832-3922825

隆昌四通火锅
Ⓐ地址：内江市隆昌县大东街
Ⓣ电话：0832-8968888

隆昌叶七妹豆花店
Ⓐ地址：内江市隆昌县中心街174
Ⓣ电话：0832-3915190

乐至中行路家常菜
Ⓐ地址：资阳市乐至县乐至中学旁
Ⓣ电话：0832-3360167

乐至韵味居
Ⓐ地址：资阳市乐至县川鄂东路
Ⓣ电话：0832-3334843

乐至精品鱼火锅
Ⓐ地址：资阳市乐至县国华路
Ⓣ电话：0832-3335688

简阳一品羊肉汤
Ⓐ地址：资阳市简阳市花园街
Ⓣ电话：0832-7189759

简阳郭五妹羊肉汤
Ⓐ地址：资阳市简阳市红建路
Ⓣ电话：0832-3181135

简阳雷氏宏开羊肉汤
Ⓐ地址：资阳市简阳市318国道大古井
Ⓣ电话：0832-3181426

资阳轩食天
Ⓐ地址：资阳市广场路附近
Ⓣ电话：0832-6650033

资阳菜根园
Ⓐ地址：资阳市雁江区鱼市口
Ⓣ电话：0832-6246456

资阳鱼溪钟鲢鱼
Ⓐ地址：资阳市雁江区黄泥路
Ⓣ电话：0832-6654261

宿

　　资阳住宿很方便，资阳宾馆、锦江蜀亨大酒店、金迪大酒店都不错。内江住宿可选内江宾馆、长江长大酒店、内江运亨大酒店、内江艾林大千国际酒店。自贡住宿点也多，自贡汇东大酒店、自贡雄飞假日大酒店、自贡旅馆、自贡荣光商务酒店均可。

客栈招待所

自贡旅馆
Ⓐ地址：自贡市中心自由路
Ⓣ电话：0813-5519130

资阳金叶招待所
Ⓐ地址：资阳市建设北路二段
Ⓣ电话：0832-6219003

内江南门旅馆
Ⓐ地址：内江市交通路231号
Ⓣ电话：0832-2104962

宾馆饭店

资阳宾馆
Ⓐ地址：资阳市雁江镇和平路31号
Ⓣ电话：0832-6225252

资阳新华宾馆
Ⓐ地址：资阳市广场路
Ⓣ电话：0832-6656013

资阳望江宾馆
Ⓐ地址：资阳市沱桥路
Ⓣ电话：0832-6244800

内江宾馆
Ⓐ地址：内江市玉带街旱桥街100号
Ⓣ电话：0832-2022010

内江钟楼饭店
Ⓐ地址：内江市市中区中央路127号
Ⓣ电话：0832-2022026

内江天府宾馆
Ⓐ地址：内江市中央路88号
Ⓣ电话：0832-2061690

自贡檀木林宾馆
Ⓐ地址：自贡市檀木林街塘坎上路2号
Ⓣ电话：0813-2408888

自贡丹桂宾馆
Ⓐ地址：自贡市丹桂大街142号
Ⓣ电话：0813-8220010

酒店

资阳锦江蜀亨大酒店
Ⓐ地址：资阳市雁江区资阳大道西段
Ⓣ电话：0832-6120278

资阳金迪大酒店
Ⓐ地址：资阳市建设北路体育路32号
Ⓣ电话：0832-6222222

内江长江长大酒店
Ⓐ地址：内江市东兴区西林大道338号
Ⓣ电话：0832-2277777

内江运亨大酒店
Ⓐ地址：内江市双苏路123号
Ⓣ电话：0832-2200066

内江艾林大千国际酒店
Ⓐ地址：内江市大千路666号
Ⓣ电话：0832-2222222

自贡汇东大酒店
Ⓐ地址：自贡市汇东路西段440号
Ⓣ电话：0813-8288888

自贡雄飞假日大酒店
Ⓐ地址：自贡市解放路193号
Ⓣ电话：0813-2118888

自贡荣光商务酒店
Ⓐ地址：自贡市中心自由路
Ⓣ电话：0813-2119999

便捷通讯

泸州市旅游局：0830-3193382
合江县旅游局：0830-5269876

Chishui
赤水摄旅 *She lü*

仅仅福宝古镇就会让你沉醉不醒，更何况这里是茅台和泸州老窖飘香的赤水河两岸。在名气和你的镜头之间，你应该相信镜头里看到的美丽人生。

信息：泸县玉蟾风景区10元/人；合江县佛宝风景区30元/人；合江县笔架山风景区5元/人；叙永县丹山风景区10元/人；古蔺县黄荆原始森林风景区10元/人。

线路交通

成都—188公里成渝高速—内江—102公里成渝高速到隆昌转隆纳高速—泸州—101公里321国道—叙永—57公里309省道—古蔺—162公里208省道—合江—42公里008县道—福宝古镇—合江—泸州—成都

这条线路全是高速公路和省道以及一些新修的高等级公路，道路状况很好，可以放心驾驶。

聚焦景区

● 佛宝风景区

摄影指数 ★ ★ ★

佛宝风景区是国家森林公园，位于四川省合江县东南，距泸州市100公里，地处川黔渝"旅游金三角"腹心地带。在佛宝有沧桑依旧的古镇、名冠川南的古刹、神秘诡谲的崖墓、返朴归真的岩居等，交互辉映，吸引着探古访幽的人们。

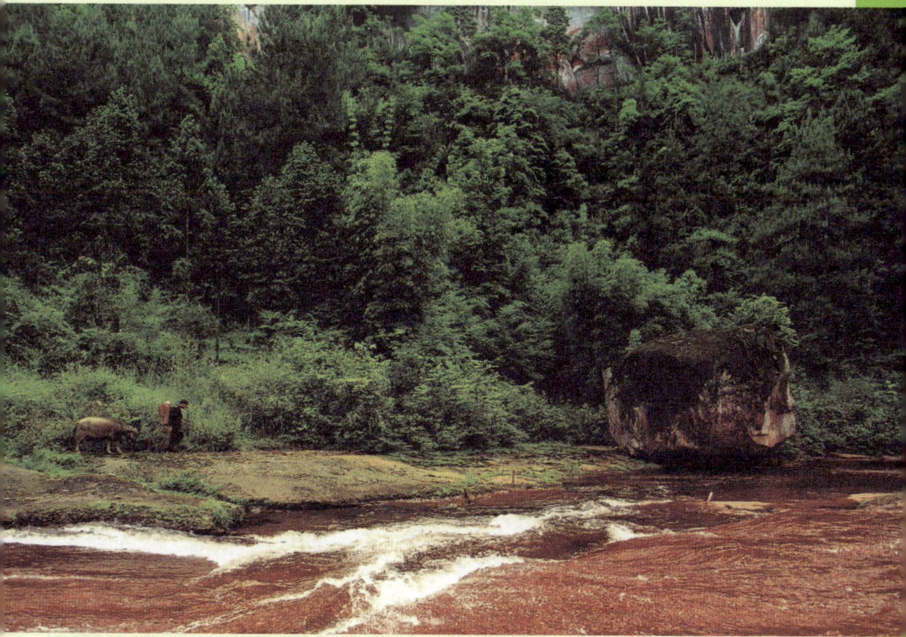

影友贴士

佛经岩游道、烟雨岩、天堂坝景区、自怀风景区、丹霞地貌、玉兰山是景区的精华所在，适合每年春夏两季拍摄最佳。

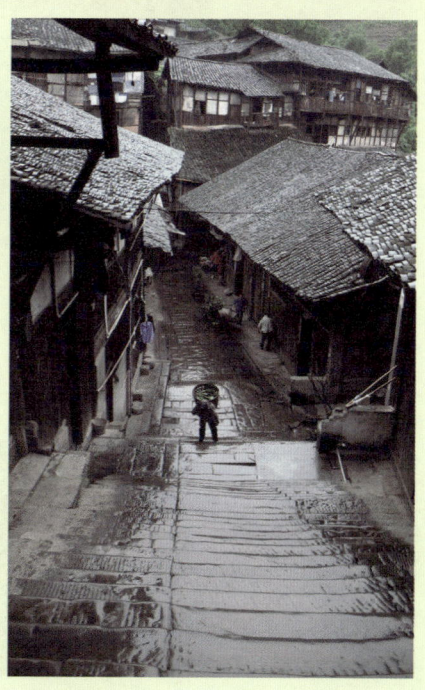

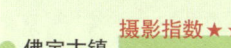

佛宝古镇

摄影指数★★★★

佛宝古镇被誉为“中国山地建筑精华”“一部凝固的空间交响乐”“中国西部山乡古镇的典范”“四川省最美丽的古镇”。福宝古镇依山傍水，五桥相通，三水相汇，镇周青山翠叠，河岸绿竹摇风。回龙街是全镇保存最完整的一条古街，排排吊脚木楼随

山势起伏，错落有致。房舍多为明清风格的木结构建筑，灰瓦、白墙、青石板的天井，间有回龙桥、三宫八庙等古建筑掩映其中。

影友贴士

古镇一年四季均可拍摄，每年春天油菜花开时最为美丽。古镇适合拍摄的点太多太多，一长串的名称分别代表了古镇上的一道道风景线。土地庙、五祖庙、叫化营、邮铺、张爷庙、烟铺、九如号客栈、太白楼酒铺、烟馆、商楚会馆、蒲记药堂、尧记酥饼铺、德泰号盐铺、万寿酒肆、万寿宫、福星宫、唐记发店、礼和社、京果铺、茶坊巷、恒昌当铺、福泰钱庄、绣楼、竹木帮、水巷子、惜字亭、火神庙、肖记豆腐坊、金河织布坊、福华醋房、灯棚、天灯庙、西河街、天堂河、大漕河、福宝大桥对于摄友来说一个也不能落下。

● 古蔺黄荆原始森林风景区

摄影指数★★★

黄荆原始森林位于泸州市古蔺县西北部境内，平均海拔1300多米，现有森林40余万亩，属亚热带常绿针、阔叶混交林带。这里自清初封禁后的200多年时间，人迹罕至，森林茂密，植被丰富，动植物门类多。黄荆景区风光秀丽，环境原始古朴。主要景点有：普照山，是景区的门户，峰峦重叠，巍峨壮观；八节洞，在14公里短短的河段上大大小小8个各具特色的瀑布相连跌落，落差达100多米；环岩，悬崖绝壁环绕四周，地势险峻，古木交错，幽雅寂静；笋子山，山峰绵延，原始森林遮天蔽日，珍稀动植物举目可见。

影友贴士

景区内最著名的景点就是八节洞。林区公路从半岩中穿过，岩上是碑，岩下临河，河下有潭，急流注下，冲激成八节险滩，形成多级瀑布，异常壮观，建议摄友着重拍摄这一段。拍摄对象主要为湍急的水景，建议拍摄时使用三脚架。

摄影指数 ★ ★

● 泸州老窖国窖窖池

影友贴士

摄友主要参观记录国窖广场景点，以及明、清时期手工酿酒作坊留存下来的460口酿酒窖池。手工作坊式的生产现场展示也很有意思，广场的酒史浮雕图、文化长廊、参观走廊、船山楼也是可拍点。

份有限公司巨资打造的旅游精品，以中国浓香型白酒发祥地和浓香型白酒的典型代表——泸州老窖而闻名，以独家拥有"双国宝"——物质文化遗产暨全国重点保护文物"1573国宝窖池群"和国家级非物质文化遗产代表作"泸州老窖酒传统酿制技艺"为旅游线的灵魂。

泸州老窖的窖池是全国重点文物保护单位，在中国酒业中仅此一家，被誉为"国窖"（始建于公元1573年），泸州老窖形象产品"国窖1573"由此命名。国窖广场坐落在泸州市中心三星街，是集中国酒文化传播、旅游、购物、休闲为一体的文化广场。泸州老窖旅游区位于泸州市江阳区，其交通便利，是泸州老窖股

● 泸州张坝桂圆林

张坝是一个天然的"植物园",现有桂圆树1.5万株,荔枝1000多株,楠木1000多株,柑橘上万株。其中上百年的树木6000多株,主要为桂圆树。张坝桂圆林作为中国内陆桂圆种植基因库,作为北回归线以北桂圆林适宜地带最集中的、具有上百年历史的桂圆人工造林,其植物学价值一如动物学中的大熊猫。以旅游而言,这片离泸州中心城区仅千米之遥的江边绿荫,则是四川生态环境旅游和观光农业最理想的场所。

泸州餐厅
Ⓐ地址:泸州市慈善路附近
Ⓣ电话:0830-2287275

泸州九品风山珍宝
Ⓐ地址:泸州市连江路三段9号
Ⓣ电话:0830-3104879

泸州艺夫天下火锅食府
Ⓐ地址:泸州市仁和路
Ⓣ电话:0830-2395333

泸州伊顿宝芝苑
Ⓐ地址:泸州市江阳西路
Ⓣ电话:0830-3158111

合江县百花香大酒楼
Ⓐ地址：泸州市合江县政府对面
Ⓣ电话：0830-5265522

合江县老卢鸡汤
Ⓐ地址：泸州市合江县政府对面
Ⓣ电话：0830-5250108

合江县四季春老鸭汤
Ⓐ地址：泸州市合江县县政府对面
Ⓣ电话：0830-2919428

合江县菜根潭饭店
Ⓐ地址：泸州市合江县长江路
Ⓣ电话：0830-2810733

合江县茅山乌鸡馆
Ⓐ地址：泸州市合江县长江路
Ⓣ电话：0830-2914500

Ⓢ　泸州住宿很方便。南苑宾馆、酒城宾馆、泸州老窖大酒店、洪港宾馆、巨洋泸州大酒店都是不错的选择。合江县可以住荔城宾馆、荔都宾馆、光大酒店、港湾宾馆等。

客栈招待所

泸州工商招待所
Ⓐ地址：泸州市江阳区江阳南路
Ⓣ电话：0830-2805198

泸州邮政招待所
Ⓐ地址：泸州市江阳区南极路
Ⓣ电话：0830-2394334

合江县荔都宾馆
Ⓐ地址：泸州市合江县计划生育局对面
Ⓣ电话：0830-5212802

合江县港湾宾馆
Ⓐ地址：泸州市合江县政府对面
Ⓣ电话：0830-5251000

宾馆饭店

泸州南苑宾馆
Ⓐ地址：泸州市江阳区大山坪
Ⓣ电话：0830-3158888

泸州酒城宾馆
Ⓐ地址：泸州市江阳区上平远路71号
Ⓣ电话：0830-3159999

泸州洪港宾馆
Ⓐ地址：泸州市江阳区江阳南路1号
Ⓣ电话：0830-3120818

合江县荔城宾馆
Ⓐ地址：泸州市合江文化馆附近
Ⓣ电话：0830-5219300

酒店

泸州老窖大酒店
Ⓐ地址：泸州市江阳区桂花街46号
Ⓣ电话：0830-2398188

泸州巨洋泸州大酒店
Ⓐ地址：泸州市江阳北路69号
Ⓣ电话：0830-2288888

合江荣光大酒店
Ⓐ地址：泸州市合江县政府附近
Ⓣ电话：0830-5262518

合江四通大酒店
Ⓐ地址：泸州市合江县水利局附近
Ⓣ电话：0830-5263818

阳光

隐秘部落

南方丝路

Nanfang Silu ⑦

镜头聚焦

阳光 *Yangguang* / 火把 *Huoba*

阿米子 *A Mizi* / 隐秘部落 *Yinmi Buluo*

阿米子

南方丝路
Nanfang Silu
导游图

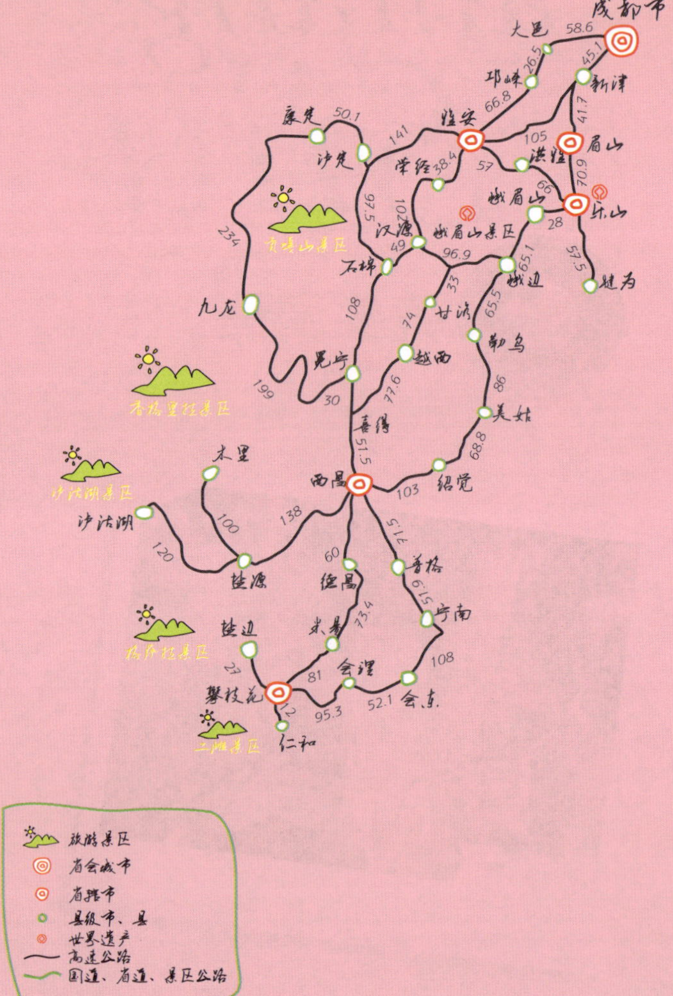

成都市

大邑　　58.1
　　　26.5
邛崃　　　45.1
　66.8　　新津
临安　　　41.7
141　　105　眉山
荥经　　57　洪雅　70.9
58.4　　　　　乐山
　97.5　峨眉山　28
101　峨眉山景区　52.5
汉源　　96.9　　犍为
49　　33
石棉　　　65.1　峨边
　108　甘洛　65.5
　74　　　雷乌
昆亭　　越西　86
30　77.6　　美姑
　喜德　68.8
　51.5
西昌　103　绍觉
　51.6
木里　　　60　　香格
100　138　　泸昌　61.5
沙沱湖　　　宁南
120
　　注源　德昌
　　　　米易　73.4　108
迪边　　会理
81　　52.1　会东
攀枝花　95.3
7.2
仁和

康定　50.1
沙贝
234
青城山景区
九龙
199
香格里拉景区
沙沱湖景区
泸沽湖景区
二滩景区

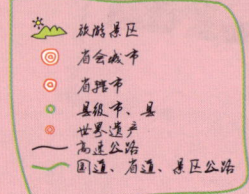

旅游景区
省会城市
省辖市
县级市、县
世界遗产
高速公路
国道、省道、景区公路

摄游线路精选

● **丝路寻踪**

　　在没有马帮的路上，拍到马帮的乐天精神。

　　成都—邛崃—临邛—雅安—石棉—冕宁—西昌—攀枝花—会理—会东—宁南—普格—西昌—越西—峨边—乐山—成都

● **神秘部落**

　　你抓拍火把映红的笑脸，你看见他们坚强的心了吗？

　　成都—雅安—摩西—石棉—冕宁—西昌—盐源—木里

便捷通讯

乐山旅游局0833-2137541
雅安旅游局0835-2223073
西昌旅游局0834-2173735
攀枝花旅游局0812-3335706
普格人民政府0834 4773730
芦山县文化旅游局0835-6523693
石棉县旅游局0835-8863258
荥经县旅游局0837-7623857

S ilu
丝路寻踪 *Xunzong*

强烈的阳光，透明的空气，质朴的风景。你听不见南丝路马帮的响铃声，你却看得见光影擦过那些让人震撼的场景。山川风物，恍若隔世。

信息：这一路均无门票。

线路交通

成都—82公里成温邛高速—邛崃—74公里318国道—雅安—43公里108国道—荥经—143公里108国道—石棉—108公里108国道—冕宁—85公里108国道转泸黄高速—西昌—212公里西攀高速—攀枝花—97公里310省道—会理—58公里310省道—会东—109公里310省道—宁南—53公里212省道—普格—75公里212省道—西昌—132公里泸黄高速转W07县道—越西—176公里306省道转208省道—峨边—96公里306省道—乐山—142公里成乐高速—成都

这条线路比较漫长，道路情况复杂，沿线城区道路、乡村公路和省道以及一些新修的高等级公路交错，道路状况不错，可以放心驾驶。

聚焦景区

摄影指数★★

● 南方丝绸之路（蜀身毒道）

南方丝路又称蜀身毒道，公元前4世纪时便已开通，是中国三条古丝绸之路中最早的一条。在汉代时称为"蜀身毒道"，"蜀"是四川，"身毒"是印度的古称，是指从四川出发，经过云南、缅甸直至印度的商路。蜀身毒道由灵关道、五尺道、黔中古道、永昌道等四条古道组成，由于它始于丝织

业发达的成都平原，并以沿途的丝绸商贸著称，因此也被历史学家称为"南方丝绸之路"。 这条古道有东、西两条。西线灵关道由成都经

邛崃、庐山（古称灵关）、汉源、西昌、大姚至祥云、大理再至腾冲到缅甸及印度，这也是最为主要的一条。

● 临邛古城

邛崃古称临邛，位于四川省中部，成都平原西南，已有2300余年历史，与成都（益州）、重庆（巴郡）、郫县（鹃城）并称为巴蜀四大古城。邛崃是西汉才女卓文君的故乡，卓文君和司马相如演绎的中国经典爱情故事"凤求凰"就诞生在这里。"文君当垆，相如涤器"的千古佳话，为这片土

地平添了浪漫动人的色彩。"舟船争路、车马塞道、商旅敛财"，历史上的邛崃工商兴盛，是"南方丝绸之路""茶马古道"的第一站，有"天府南来第一州"的美誉。

南方丝路

影友贴士

　　核心景区主要由文君故居、川西民俗老街大北街和特色巷道幸福巷组成。在核心区周边，古城东南有全国第三高砖塔回澜塔，南有十方堂邛窑遗址，西有千年古刹白鹤山。摄友主要拍摄的是川西民俗老街大北街和特色巷道幸福巷。

摄影指数★★★

● 雅安

　　雅安又称"雨城"，是古南方丝绸之路的门户和必经之路，曾为西康省省会，位置特殊，素有"川西咽喉""西藏门户""民族走廊"之称。雅安以雅雨、雅鱼、雅女的"雅安三绝"著称。

　　雅安是世界上第一只大熊猫的发现地和模式标本产地，也是世界茶文化、茶栽培的发源地，是全球人工栽培茶树最早的地区。

影友贴士

　　碧峰峡景区的植被、峡景和瀑布是它的鲜明特色，特别是瀑布，数量多且很有特点，值得摄友拍摄。碧峰峡也是目前中国第三大大熊猫圈养中心，可拍摄大熊猫。

　　雅安市中心的"风雨桥"，是目前世界上最大的廊桥。廊桥横跨青衣江，全长243米、宽22米、高3层，是雅安的城市标志性建筑，也是雅安夜景的必拍地点。

　　"扬子江中水，蒙山顶上茶"。蒙顶山是古代南方丝绸之路上的重要节点。春季，从山巅天盖寺，俯瞰茶园，云雾飘浮于山岭沟壑之间，小山浮露，恰似仙山琼阁。深秋，天盖寺铺满银杏叶的金黄，傍晚远望雅安万家灯火，如繁星落地，景象万千。

南方丝路

● 荥经

摄影指数 ★ ★ ★ ★

　　荥经境内的西部野牛山，海拔达3666米，与最低处荥经河岸相对高差达2966米。区内山峰雄奇峻拔，云蒸霞蔚，蔚为壮观。

　　境内龙苍沟景区万亩珙桐林（又称鸽子花），是目前已发现的最大野生珙桐群落。

云峰寺位于荥经城东南4公里处，占地80余亩。相传，女娲从太湖取石补天，不慎坠落一颗于寺内，人称"太湖飞来石"，故又称"太湖寺"。

📷 **影友贴士**

野牛山主峰牛背山顶，号称世界最大观景平台，这里可以将峨眉山、瓦屋山、贡嘎山、四姑娘山尽收眼底，云海、日出、日照金山、佛光应有尽有，是摄友首选的山地大片拍摄地点。不过牛背山道路状况不太好，最好是开四驱越野车前往，并事先了解路况之后再作安排。

荥经砂器的制作坊以及制作流程正在被摄友所关注，喜欢人文、纪实类题材的摄友可以前往一探究竟。

● 清溪古镇

清溪古城位于雅安市汉源县境内，始建于汉代，因城中有数道泉水而得名。清溪镇北接雅安，南连西昌，东临峨眉，西通康藏。是古南方丝绸之路上的一个重要驿站，是名副其实的古道重镇。

影友贴士

每年春季是清溪古镇的最佳拍摄时间，古镇上最大的古院落—"林公馆"摄友一定要去拍摄。高大的天井露台，幽深甬长的门厅过道，而房柱底座石雕上清晰可见的花草，门窗、墙壁、屋脊、撑拱上形象逼真的动物木雕都应是关注的重点。

● 凉山普格

普格位于凉山州东面部，彝语意为"山垭口下的草甸子"，是彝族火把节的发祥地，是一个以彝族为主体的少数民族聚居县。西南名泉普格温泉，塞外牧歌情调的海口高原风光，探幽胜地玛瑙洞等是较有特色的自然景观。彝族婚俗、彝族年、丧葬习俗都有着古老的传说和神秘的规仪，古石刻、岩画、碑文等文物古迹也极具参观价值。

南方丝路

影友贴士

　　普格县是凉山彝族火把节之乡，彝族第一个火把节场地就在普格西洛耶底的日都迪散。彝族火把节、彝历年、彝家婚俗、葬礼和安魂仪式等民风民俗与众不同。每年农历六月二十四日左右，普格各地彝族群众都要举行斗牛、赛马、斗羊、斗鸡、摔跤、爬竿、选美、对歌、火把游山等极富民族特色的活动，整个节日的活动都应是摄友所关注的。

　　螺髻山高山湿地、珍珠瀑布、仙鸭湖、蓓蕾峰、杜鹃林、空鼓湖、牵手湖、茶水湖、大小水草湖、神鹰峰、阿鲁崖、黑龙潭、神女峰等景点都是四季可拍的景点。每年5月满山遍野的杜鹃花盛开时也是摄友拍摄螺髻山景的重要时机。

● 西昌

摄影指数 ★★★★

　　"月城"西昌市，位于四川省西南部，是攀西地区的政治、经济、文化及交通中心。最为著名的西昌火把节是彝族、白族、纳西族、拉祜族、哈尼族、普米族等民族的传统节日。彝族、纳西族、基诺族在农历六月二十四举行火把节，白族在六月二十五举行，拉祜族在六月二十举行，节期二三天。邛海—庐山旅游风景区为西昌主要旅游景点。黄联关镇的黄联土林距西昌市30余公里。

影友贴士

　　西昌彝族火把节是每年的农历六月二十四，节日一般维持3天。面对月城广场，背靠东河，是摄友拍摄月城美景、彝族火把盛会及焰火晚会的最佳位置。火把狂欢夜，彝族传统斗牛、斗羊、斗鸡比赛是其中的亮点活动。

　　邛海如同我国一些高原湖景一样，以恬静著称，一年四季均为拍摄期，春日天光水色，上下一碧，"舟行碧波上，人在画中游"。夏日湖水盈盈，彩霞耀眼，山寺渔村，相映生辉。秋日天高气爽，落霞孤鹜，秋水天长。冬季天净水明，红枫翠柏，倒映湖面。邛海公园、观鸟岛湿地公园、新沙滩渔村、月亮湾、观海湾、青龙湾为主要拍摄景点。

南方丝路

● 攀枝花

攀枝花市是全国唯一以花命名的城市，是四川南部地区最富裕的城市，也是中国西部最大的移民城市，80%以上的居民为外来人口。攀枝花市是一座年轻的城市，具有资源开发型城市、工业城市、移民城市、山地城市的典型特征。攀枝花气候具有春季干热、夏秋凉爽、冬季温暖、四季不分明的特点。

二滩国家森林公园，地处成都—峨眉山—西昌—昆明这条旅游热线上。公园规划面积达60多万亩。其中二滩库区形成的丁字型湖面15万亩，林地40多万亩。森林覆盖率可达50％以上。它包括二滩电站大坝、市境内雅砻江水系直至盐源县的滕桥河口。

米易龙潭溶洞风景区，距攀枝花市104公里，距米易县城26公里，位于龙肘山下、安宁河滨。山清水秀，崖壁如画，四季常春，景色宜人。风景区由龙潭溶洞、龙吟峡、

天然盆景园、野生植物园、龙肘山顶风光区等五个景点组成。

格萨拉生态旅游区位于攀枝花市盐边县西北角，景区景观由天坑地漏、岩溶景观、高山草甸和彝家风情等组成。

影友贴士

二滩坝顶弧长775米的溢流式双曲拱坝，该坝坝高在同类坝型中居亚洲第一，世界第三。拍摄大坝是这里主要的主题，遇到开闸泄洪时相当壮观。

龙吟峡谷呈原始生态，溪水潺潺，瀑布叠迭，姿态各异。龙肘山顶松涛万亩，碧草千顷，会理、米易山川尽收眼底，每到五月杜鹃花开，满山遍野，风光诱人，建议摄友五月前往拍摄。

格萨拉生态旅游区主要拍摄溶洞和天坑，尤以一号天洞格外引人注目，也是主要的拍摄点。

攀枝花壶中天
Ⓐ地址：攀枝花市东区湖山巷
Ⓣ电话：0812-3369696

攀枝花维园酒楼
Ⓐ地址：攀枝花市体育馆对面
Ⓣ电话：0812-3355699

攀枝花大同香麻辣鱼
Ⓐ地址：攀枝花市人民街
Ⓣ电话：0812-3356377

攀枝花菌王村
Ⓐ地址：攀枝花市东区花城中街
Ⓣ电话：0812-3365253

西昌高妈炖品
Ⓐ地址：西昌市胜利南路
Ⓣ电话：0834-3203598

西昌马食子彝风酒楼
Ⓐ地址：西昌市一环路南一段
Ⓣ电话：0834-2193919

西昌花鲢鱼头火锅
Ⓐ地址：西昌市一环路南一段
Ⓣ电话：0834-2192603

荥经艳阳天
Ⓐ地址：雅安市荥经县步行街
Ⓣ电话：0835-7627477

荥经巴山雅雨
Ⓐ地址：雅安市荥经县步行街
Ⓣ电话：0835-7622739

普格红珊瑚饭店
Ⓐ地址：普格县212省道县公安局旁
Ⓣ电话：0834-4772813

普格李姐烧烤
Ⓐ地址：普格县212省道县公安局旁
Ⓣ电话：0834-3518920

普格烫皮山羊火锅
Ⓐ地址：普格县212省道上坝
Ⓣ电话：0834-4772019

沿线住宿地点很多，很便利。因行程原因，可多在雅安、西昌、攀枝花、乐山住宿。

客栈招待所

雅安青衣江住宿部
Ⓐ地址：雅安市雨城区顺河街32号
Ⓣ电话：0835-6204858

雅安雨城客栈
Ⓐ地址：雅安市雨城区顺河街32号
Ⓣ电话：0835-6204858

雅安雅西客栈
Ⓐ地址：雅安市西大街148号
Ⓣ电话：0835-2352055

石棉鸿运来客栈
Ⓐ地址：四川省雅安市石棉县108国道

西昌昌林客栈
Ⓐ地址：四川省凉山彝族自治州西昌市健康路

西昌天雅客栈
Ⓐ地址：四川省凉山彝族自治州西昌市城南中路

宾馆饭店

雅安雨都饭店
Ⓐ地址：雅安市雨城区挺进路157号
Ⓣ电话：0835-2601999

雅安倍特星月宾馆
Ⓐ地址：雅安市雨城区公园路
Ⓣ电话：0835-2225888

石棉矿宾馆
Ⓐ地址：雅安市石棉县东风路一段120号
Ⓣ电话：0835-8865265

石棉紫金山宾馆
Ⓐ地址：雅安市石棉县人民路一段106号
Ⓣ电话：0835-8856886

荥经饭店
Ⓐ地址：雅安市荥经县繁荣街下街43号
Ⓣ电话：0835-7629888

西昌邛海宾馆
Ⓐ地址：西昌市邛海公园旁
Ⓣ电话：0834-3953333

西昌腾云楼宾馆
Ⓐ地址：西昌市航天北路1号
Ⓣ电话：0834-3867200

攀枝花宾馆
Ⓐ地址：攀枝花市炳草岗人民街68号
Ⓣ电话：0812-3336631

攀枝花新视窗商务宾馆
Ⓐ地址：攀枝花市德阳巷
Ⓣ电话：0812-3322222

攀枝花西海岸宾馆
Ⓐ地址：攀枝花市东区人民街4号
Ⓣ电话：0812-3336748

宾馆饭店

雅安西康大酒店
Ⓐ地址：雅安市雨城区临江路90号
Ⓣ电话：0835-2239366

周公山热地温泉酒店
Ⓐ地址：雅安市周公山温泉公园8号
Ⓣ电话：0835-2329666

石棉大酒店
Ⓐ地址：雅安市石棉县电力路一段
Ⓣ电话：0835-8863666

荥经古城大酒店
Ⓐ地址：雅安市荥经县荥兴路西一段
　　　159号
Ⓣ电话：0835-7623688

西昌天喜花月酒店
Ⓐ地址：西昌市三岔口南路
Ⓣ电话：0834-8886699

西昌名仁大酒店
Ⓐ地址：西昌市航天大道二段1号
Ⓣ电话：0834-2895899

西昌标准国际酒店
Ⓐ地址：西昌市三岔口东路45号
Ⓣ电话：0834-2161999

攀枝花金沙明珠大酒店
Ⓐ地址：攀枝花市大渡口江边街50号
Ⓣ电话：0812-2230000

攀枝花川惠大酒店
Ⓐ地址：攀枝花市东区人民街394号
Ⓣ电话：0812-6348888

攀枝花天地人和商务酒店
Ⓐ地址：攀枝花市炳草岗商业步行街
Ⓣ电话：0812-8880666

乐山金海棠大酒店
Ⓐ地址：乐山市市中区海棠路
Ⓣ电话：0833-2128888

乐山锦上商务酒店
Ⓐ地址：乐山市春华路南段237号
Ⓣ电话：0833-2037111

便捷通讯

雅安旅游局电话：0835-2223073
西昌旅游局电话：0834-2173735
攀枝花旅游局电话：0812-3335706
木里县文化旅游体育局电话：0834-6522592

Shenmi
神秘部落 Buluo

这将是一次对彝族聚居区的深度探访。是一次对"亚洲中国彝族文化———美洲墨西哥玛雅文化连续体"论点的实地求证。忘掉火把节和邛海，你拍到的是最真的彝族。

信息：这一路均无门票

 线路交通

成都—141公里成雅高速—雅安—166公里318国道转省道211—磨西—187公里211省道转108国道—冕宁—85公里108国道转泸黄高速—西昌—245公里307省道转216省道—木里—西昌—226公里西攀高速—仁和—西昌—525公里306省道—成都

这条线路比较漫长，道路情况复杂，沿线城区道路、乡村公路和省道以及一些新修的高等级公路交错，道路状况不错，可以放心驾驶。

 聚焦景区

● 泸沽湖   摄影指数★★★★★

泸沽湖，古称鲁窟海子，又名左所海，俗称亮海，位于川滇交界的四川省盐源县泸沽湖镇，距西昌市258公里。泸沽湖四周崇山峻岭，一年有三个月以上的积雪期。森林资源丰富，山清水秀，空气清新，景色迷人，泸沽湖被当地摩梭人奉为"母亲湖"。也被人们誉为"蓬

南方丝路

莱仙境"。 作为母系社会的历史沿袭，泸沽湖和摩梭人构成了这里的神奇和沧桑，无论是成丁礼、阿肖婚、母系家庭、丧葬，都是人类文化绝无仅有的活化石。泸沽湖四周青山环抱，湖岸曲折多弯，景区有17个沙滩、14个海湾；湖中散布5个全岛、3个半岛、1个海堤连岛，一般高出水面15～30米，远看像一只只绿色的船，漂浮在湖面。

影友贴士

泸沽湖一年四季都很美，最适合拍摄时机是春夏两季。草海、喇嘛寺、末代土司王妃、博瓦湾、王妃岛、女神湾、情人滩、格萨摩梭母系部落、格姆女神山、鸟岛、里格 半岛是景区的精华所在，摄友一定不要错过。冬天前往最好从西昌线进入，以免遇上冰雪路段。徒步环湖需4～5天时间，请摄友提前做好准备。

● 迤沙拉村

迤沙拉，彝语意为"水落下去的地方"，迤沙拉村位于四川省攀枝花市仁和区平地镇东南端，距平地镇8公里。迤沙拉村的里泼彝人是个奇特的民族群落，迤沙拉有着厚重的历史文化积淀。当地有特色小吃：烤全羊、炕牛肉、南瓜鸡、羊肉火锅、羊肉汤等。

影友贴士

这个地区适合春夏季前往，村寨周围风景这个时间段色彩丰富，光线也最好。当地很多传统节日在彝族地区是独有的，更是最佳的人文拍摄题材。

● 木里

木里县位于凉山州西北部，距西昌254公里。木里山河壮丽，气势磅礴，风光秀丽，景色迷人，素有"绿色宝库""天然动物园""黄金世界"之美称。境内名山较多，4000米以上的山峰就有95座，其中最高峰降别勇、强朗多杰高5958米；全县佛教圣地有三大寺及许多小经堂；境内天然秀美的高原湖泊就有10多个。

影友贴士

　　木里——与世隔绝的古喇嘛王国，在木里摄友走的其实就是著名的洛克之路的木里段，那条连接丽江与康定之间的马帮之路。由木里县境内的水洛乡沿白水河而上，穿越水洛贡嘎，摄友可以亲身体验并了解香格里拉的原始自然状态，特有的少数民族风情，深厚的历史和宗教背景。这条线路建议夏秋季前往最好，需准备户外露营装备。

南方丝路

217

● 冕宁县

冕宁县内的灵山景区距冕宁县城20公里,紧靠108国道,为省级旅游风景区。灵山背靠小相邻,旁依安宁河。山上古刹灵山寺是凉山州的主要佛教活动场地,以周围的自然景观和寺内的杨祖师的肉身佛像而著名。

冕宁县的彝族社会的婚姻制度和婚姻轨例有其自身的特点,主要反映为一夫一妻制、同族内婚、等级内婚、家支外婚、姨表不婚、姑舅表优先婚。兹莫、诺合和曲诺等级婚姻在那边还有体现,玛雅文化与彝族文化有着许多十分相似之处,我们可以把这两种十分相似的文化称为:亚洲中国彝族文化————美洲墨西哥玛雅文化连续体。

 影友贴士

这个地区就是拍摄当地的风土人情,特别是婚嫁题材。

泸定县海螺沟乡村烧烤大世界
Ⓐ地址:泸定县磨西镇

泸定县海螺沟贡嘎山烧烤羊肉汤锅
Ⓐ地址:泸定县磨西镇

木里红灯笼烧烤
Ⓐ地址:木里藏族自治县荣林路

回味香烧烤
Ⓐ地址:盐源县307省道泸沽湖镇

西昌烧烤夜市
Ⓐ地址:西昌市黄家巷

西昌甘洛罗非鱼烧烤
Ⓐ地址:西昌市三岔口东路

攀枝花朗园巴西烤肉
Ⓐ地址:攀枝花市东区人民街
Ⓣ电话:0812-3339017

攀枝花老字号盐边天龙烧烤
Ⓐ地址:攀枝花市东区湖滨路

攀枝花阿萨拉原始烧烤
Ⓐ地址:攀枝花市东区湖滨路
Ⓣ电话:0812-6950931

攀枝花袁记干锅
Ⓐ地址:攀枝花市东区炳清路
Ⓣ电话:0812-3316601

宿

沿线住宿地点很多，很便利。因行程原因，可多在雅安、西昌、攀枝花、乐山住宿。

客栈招待所

泸定县海螺沟登巴客栈
Ⓐ地址：泸定县磨西镇
Ⓣ电话：0836-3267707

木里好又来餐厅旅馆
Ⓐ地址：木里藏族自治县龙钦北街87号
Ⓣ电话：0834-6529213

木里林业局招待所
Ⓐ地址：木里藏族自治县扎昌街87号

泸望达景观客栈
Ⓐ地址：木里藏族自治县泸沽湖镇
Ⓣ电话：0834-6390081

里格莲花客栈
Ⓐ地址：丽江市泸沽湖边
Ⓣ电话：0888-5822477

宾馆饭店

雅安雨都饭店
Ⓐ地址：雅安市雨城区挺进路157号
Ⓣ电话：0835-2601999

雅安倍特星月宾馆
Ⓐ地址：雅安市雨城区公园路
Ⓣ电话：0835-2225888

西昌邛海宾馆
Ⓐ地址：西昌市海滨路
Ⓣ电话：0834-3953333

攀枝花宾馆
Ⓐ地址：攀枝花市炳草岗人民街68号
Ⓣ电话：0812-3336631

磨西镇鑫飞饭店
Ⓐ地址：泸定县磨西镇
Ⓣ电话：0836-3266214

磨西镇冰川饭店
Ⓐ地址：泸定县磨西镇
Ⓣ电话：0836-3266418

磨西镇海螺饭店
Ⓐ地址：泸定县磨西镇
Ⓣ电话：0836-3266296

木里惠丰饭店
Ⓐ地址：木里藏族自治县龙钦街
Ⓣ电话：0834-6528486

酒店

雅安西康大酒店
Ⓐ地址：雅安市雨城区临江路90号
Ⓣ电话：0835-2239366

西昌天喜花月酒店
Ⓐ地址：西昌市西昌三岔口南路
Ⓣ电话：0834-8886699

西昌教建酒店
Ⓐ地址：西昌市城南大道人和路口
Ⓣ电话：0834-2503666

攀枝花金沙明珠大酒店
Ⓐ地址：攀枝花市大渡口江边街50号
Ⓣ电话：0812-2230000

木里大酒店
Ⓐ地址：木里藏族自治县扎昌街297号
Ⓣ电话：0834-6524112

自助游信息索引

四川省各地市州旅游咨询

四川省旅游局 www.scta.gov.cn 028-86702259
旅游投诉及应急电话：13880067512
成都市旅游局 www.cdta.gov.cn 028-61882959
自贡市旅游局 www.zgtravel.cn 0813-2202124
攀枝花市旅游局 www.pzhsta.gov.cn 0812-3353863
泸州市旅游局 www.lzsta.gov.cn 0830-3193792
德阳市旅游局 www.dysta.gov.cn 0838-2206420
绵阳市旅游局 www.mysta.gov.cn 0816-2315358
广元市旅游局 www.gysta.gov.cn 0839-3305035
遂宁市旅游局 www.scta.gov.cn 0825-5808283
内江市旅游局 www.njta.gov.cn 0832-2023686
乐山市旅游局 www.lssta.gov.cn 0833-2136926
南充市旅游局 www.ncta.gov.cn 0817-2666966
宜宾市旅游局 www.ybta.gov.cn 0831-8234642
广安市旅游局 www.gata.gov.cn 0826-2336486
达州市旅游局www.dzsta.gov.cn 0818-2130027
巴中市旅游局 www.bzsta.gov.cn 0827-5268941
雅安市旅游局 www.yata.gov.cn 0835-2223073
眉山市旅游局 www.msta.gov.cn 028-38168498
资阳市旅游局 www.zydms.com 028-26110087
阿坝州旅游局 www.abzta.gov.cn 0837-2822652
甘孜州旅游局 www.gzzta.gov.cn 0836-2835469
凉山州旅游局 www.lszta.gov.cn 0834-2171256

航空信息

四川航空公司www.scal.com.cn
订票热线：4008-300-999
中国国际航空公司www.airchina.com.cn
订票热线：4008-986-999
双流国际机场：www.cdairport.com
候机楼售票柜台028 85205518 85205522
民航宾馆售票处028 85702807 85703479
紫荆售票处028 85155651
送票中心 028 86082221 86083331
人南售票处 028 81505454

五块石售票处　028 83175444
机场国际柜台售票处：028 82003666
机场问讯：028-85205333
也可通过携程网、艺龙网查询、订票。

列车信息

成都市火车北站售票大厅
电话：（028）83372608　（028）83342333-2319
网上订票
成都铁路局官方网站预定火车票 网址：http://www.cdcz.net/
成都火车站
四川省成都市人民北路 电话：028-83322088
绵阳火车站
绵阳市涪城区临园路 电话：0816-61347070
广元火车站
广元市利州区 电话：0839-5562362
江油火车站
江油市中坝镇 电话：0816-61337102
达州火车站
达州市西外镇 电话：0826-5385422
德阳火车站
德阳市市区黄山路 电话：0816-61375242
西昌铁路分局攀枝花车站
地址：攀枝花市金江二村 电话：0812-6600134 6600317
西昌火车站
地址：西昌市西郊 电话：0834-8620013
列车时刻查询：www.huoche.com.cn

公路信息

西安至成都：
西汉高速：西安—汉中—宁强；宁强—广元（川陕界棋盘关）；绵广高速：
广元（川陕界棋盘关）—绵阳；成绵高速：绵阳—成都。全程约800公里。
重庆至成都：
遂渝高速：重庆—遂宁；成南高速遂宁—成都。全程约290公里。
贵阳至成都：
贵阳—遵义—綦江—重庆—成都。全程高速，约750公里。
昆明至成都：
昆明—昭通—水富—宜宾—内江—成都。全程高速，约820公里。

成都长途汽车站信息

成都市新南门汽车站（成都旅游集散中心）　电话：028-85433609

又名成都旅游客运中心，位于市中心新南路，市内可以乘坐6、28、49、55、48、43、301路等公交车到达。

开往：碧峰峡　百丈湖　蒙顶山　周公山温泉公园　西岭雪山　花水湾　石象湖　海螺沟　雅安九寨沟　松潘　都江堰　银厂沟　瓦屋山　洪雅　槽鱼滩　宝兴　天台山　乐山大佛　峨眉　乐山西坝　沙湾　邛崃　青神　黄龙溪　康定　泸定　峨边　黑竹沟　遂宁　稻城亚丁等

五桂桥汽车站　电话：028-84716144

五桂桥汽车站，又称成都汽车总站和成宇总站，位于成都市区东面，塔子山公园旁边。该车站的班车主要发往成渝、内宜高速沿线，市内可以乘坐2、4、21、37、49、58、81路公交车到达。

开往：重庆　泸州　宜宾　自贡　珙县　内江　荣昌　资中　资阳　遂宁　乐至　安岳等

北门汽车站　电话：028-83338102

北门汽车站又称梁家巷汽车站，位于成都市一环路，可乘27、34路公交车到达。

开往：中江　三台　射洪　盐亭　南部　阆中　仪陇　巴中　自贡　宜宾　荣县等

茶店子汽车站　电话：028-87506610

茶店子汽车站位于市西二环路，茶店子汽车站的班车主要发往四川西、北部的藏区以及著名的景区。市内可乘2路、4路、98路、221路公交车到达。

开往：攀枝花　映秀　卧龙　汶川　茂县　理县　米亚罗　小金　黑水　松潘　川主寺　丹巴　马尔康　四姑娘山　九寨沟　红原　金川　阿坝　若尔盖　壤塘　色达　迭部　甘肃合作　都江堰　郫县　龙池　青城山　青城后山　乐至　遂宁　乐山　峨眉

金沙车站　电话：028-87345329

金沙车站位于成都西二环路以外，市内可乘35、47、78、81路公交车到达。

开往：邛崃　资中　郫县　双流　华阳　安仁　九龙沟　崇州街子　西岭雪山　怀远　罗江　蓬溪　大英　遂宁　乐至

成都石羊客运站　电话：028-85314666　028-85318719(夜间)

位于高新区石羊乡，西临成新大件路，东靠成雅高速公路。

市内可乘12路、28路、61路、93路到达

开往：雅安　乐山　犍为　五通　沐川　罗城　邛崃　新津　马边　蒲江　荣经　会东　西昌　石棉　汉源　九襄　天全　玉树　芦山　宝兴　大邑　安仁等

十陵汽车站　电话：028-86379301　84605450

十陵客运站位于成（都）南（充）高速公路起点处。市内可乘301路、307路、308路、113路、108路、7路公交车到达

开往：南充　遂宁　广安　大竹　仓山　大英　西充　蓬溪　岳池　武胜　营山　渠县　邻水　华鉴　蓬安等地。

昭觉寺车站　电话：028-83501749　83504125

昭觉寺汽车站位于成都向北出川的成（都）绵（阳）高速公路入口处。

市内可乘1、7路、45路、60路、63路、69路、70路、71路、83路、302路等公交车抵达该站。

开往：绵阳 江油 德阳 剑阁 梓潼 绵竹 罗江 广汉 青川 旺苍 射洪 金堂等。

成都公交热线：85076868

汽车修理站信息

置信精典　急救电话：028-95105000
申蓉汽车　急救电话：028-85371616
三和汽车　急救电话：028-85173333
中道成丰田　急救电话：028-83576666
建国汽车　急救电话：028-89679370
申川汽车　急救电话：028-84710654
万友东风雪铁龙4S店　急救电话：028-87579058
成都风神（东风悦达起亚、韩国现代）　急救电话：028-85012123
安捷车业（广州本田、斯柯达、东风标致、法国标致、上海大众、一汽丰田）
　　　　急救电话：028-87365880
四川江铃（福特全顺；江铃；陆风）　急救电话；028-87690780
港宏汽车（广州本田）　急救电话：028-87618811
灵通汽车（雪佛兰）　急救电话：028-87320208
莱克汽车（北京吉普）　急救电话：028-88097710　028-84516677
攀钢汽贸　急救电话：028-85918200
启新汽车（一汽大众、天津一汽、五十铃）　急救电话：028-85184160
明嘉汽车（北京现代）　急救电话：028-87501313
吉翔别克4S店　急救电话：028-87591222
新奥通汽车（菲亚特）　急救电话：87369876

编后语

　　首先感谢各位影友们选择本书。本书的目的不仅是为了展示四川美丽的景色，更多是希望与影友们分享那些旅途中让我们或感动、或新奇的点点滴滴，同时也希望为准备出发的影友们提供一些行走中所需的实用信息。由于不少景区信息可能发生变化，请各位影友在出发之前，通过电话或网站再核实即时信息，如有不对，还请谅解！如果有影友了解到了新的信息并愿意在路上与影友们分享的话，请联络QQ：494196220 "走走路友"。

　　另：本书只是自助游四川丛书的第二部，我们还计划在不久推出有关美食的第三部 "东吃西吃——玩转四川美食旅游指南"。敬请关注！

　　　　　　　　　　——《玩转四川》旅游宣传系列丛书　编委会

《东拍西拍玩转四川》
自助游手册旅游宣传系列丛书编委会

编委会主任
郝康理

编委会副主任
吴　勉　薛亚平

编　委
周伦斌　任　啸　彭志林
李　琳　崔　扬　柴　宇
叶　雯　李　庆　韩建勇

信息采集：
邓冬林
图片提供：
四川省旅游局及各地市州旅游局

图片摄影：
文　月　胡小平　张先智　靳　卫
喻　磊　程蓉伟　文　龙　李　庆
邓冬林　周伦斌　柴　宇　涂兴明
陈　茜　丁益民　周　俊　干磊鑫
周克凤　刘仕渝　王　军　平志英
何春年　杨　双　刘长云　杨　铭
邓　轲　徐金波　曾　林　谢裕麟
王五一　钱　军　高　伟　孙梦晓等

特别鸣谢：
中国旅游摄影家协会